Revés a dos
manos

Drive alto

Lanzando arriba la
pelota para servir

Revés bajo

JÓVENES TENISTAS

ARANTXA SÁNCHEZ VICARIO

Pelotas envasadas a presión

Practicando con la pelota

Swing para un smash de revés

Posición de espera

Finalizando un drive

Dejada de revés

EDITORIAL MOLINO

Un libro Dorling Kindersley

Dirección Francesca Stich
Dirección artística Rebecca Johns
Dirección del proyecto Fiona Robertson
Fotografía Matthew Ward
Selección de fotografías Sharon Southren
Producción Charlotte Traill
Dirección editorial ejecutiva Sophie Mitchell
Dirección artística ejecutiva Miranda Kennedy
Traducción Mª Ángeles Cabré
Jóvenes jugadores de tenis
Nick Çava Day, Nick Hamnabard, Jessica London, Faye Mason,
Vishal Nayyar, Namita Shah y Steven Vance

Publicado en lengua española por
EDITORIALMOLINO
Calabria, 166 - 08015 Barcelona
ISBN: 84-272-4967-5
Mayo 1996

Sumario

A los jóvenes jugadores

"EL TENIS SIEMPRE HA FORMADO PARTE de mi vida. Como era la pequeña de una familia con cuatro jugadores profesionales de tenis, empecé a jugar a los cuatro años. Aproveché el tiempo y los consejos que todos me daban, y empecé a emplear cada minuto de mi tiempo en una pista de tenis. Decidí que este juego sería para mí una carrera, así que me convertí en profesional diez años después, a los 14 años. Cuando tenía 17, gané mi primer título del Gran Slam, el Open de Francia (Roland Garros). En 1994, gané de nuevo el Roland Garros, así como el Open de EE.UU. y ese año me clasifiqué como el número uno mundial. Si te entusiasma el tenis, sé que disfrutarás leyendo este libro. El tenis es «un deporte para todos» y, sea cual sea tu habilidad, este libro aumentará tus conocimientos y hará que disfrutes más con el juego."

Arantxa Sánchez Vicario

La tenacidad es una de las cualidades más importantes que un jugador de tenis profesional debe cultivar. Mis adversarios me han puesto el sobrenombre de "abejorro" por mi espíritu tenaz y la velocidad con la que me muevo en la pista.

Jugadores zurdos
Cuando veas esta raqueta, las fotografías mostrarán a un jugador zurdo.

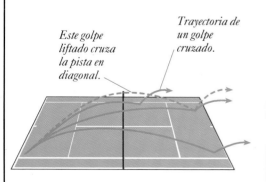

Este golpe liftado cruza la pista en diagonal.

Trayectoria de un golpe cruzado.

Consejos prácticos

Además de las sorprendentes fotografías paso a paso, a lo largo de este libro también podrás encontrar estos diagramas. He intentado aconsejar las tácticas para cada uno de los golpes. De todos modos, recuerda que, a medida que mejore tu juego, deberás conocer tus propias cualidades y debilidades, y desarrollar tus propios golpes favoritos.

Juegos Olímpicos

Cuando participé en los Juegos Olímpicos de Barcelona en 1992, Conchita Martínez y yo ganamos la medalla de plata en dobles. También conseguí una medalla de bronce en los individuales femeninos. Eso fue muy bonito ya que se celebraron en mi país.

En el Open de EE.UU.

Aquí sostengo el trofeo en el Open de EE.UU. En 1994, gané el título de individuales femeninos y el de dobles en el Open de EE.UU. Soy la primera jugadora que ha ganado los dos desde que Martina Navratilova lo hizo en 1987.

Historia del tenis

DESDE LAS PINTURAS GRIEGAS de los muros de Temistocles, sabemos que una antigua forma de tenis se jugaba en el 500 a.C. Durante el siglo XV, el auténtico tenis o tenis real se desarrolló en Francia, a partir de un juego llamado *Jeu de Paume* (juego con la palma de la mano). El auténtico tenis se jugaba originariamente en los claustros de los monasterios y todavía lo juegan allí ocasionalmente algunos aficionados. El tenis sobre hierba, o el tenis como lo entendemos hoy en día, se difundió durante el reinado de la reina Victoria y se jugaba en los jardines de las casas aristocráticas. No fue hasta 1870 en que se jugó como un deporte serio. El primer campeonato se celebró en el *All England Croquet and Lawn Tennis Club* de Wimbledon, Londres, en julio de 1877. Unos 200 espectadores presenciaron la primera final masculina. Hoy, más de 15.000 llenan las gradas de la pista central.

Jóvenes norteamericanos
La americana May Sutton tenía sólo 18 años cuando ganó su primer título de Wimbledon en 1905. En esta página podrás apreciar que el equipo de tenis y el vestuario han cambiado a lo largo del siglo.

La sensación de la falda corta
En los años 20, el tenis se hizo muy popular. Aquí la francesa Suzanne Lenglen, ganadora de la final femenina individual de Wimbledon en 1922, fue la primera mujer en llevar un vestido corto y manga corta. Lengen fue también una de las primeras jugadoras en convertirse en profesional.

Equipo internacional de tenis
La primera competición internacional de tenis fue la Copa Davis en 1900. Durante los años 20, el americano Bill Tilden nunca perdió un partido individual en las duras competiciones de la Copa Davis. Durante muchos años sólo participaron en ella Gran Bretaña, Francia, Australia y EE.UU. Hoy en día, más de 100 países participan en la Copa Davis.

Deporte de héroes
El potente sueco Bjon Borg ganó los individuales masculinos en Wimbledon durante cinco años seguidos (1976-1980). Sólo otros dos hombres han logrado hacerlo.

El tenis en el siglo XIX
El armazón de muchas de las primeras raquetas estaba hecho de una sólida pieza de madera de fresno como la que se muestra arriba. Hoy en día, se hacen de grafito o fibra de carbono y de fibra de vidrio. Las raquetas pueden tener cualquier peso o forma, pero deben medir menos de 81,28 cm de largo y de 31,75 cm de ancho.

El tenis hoy
Para los jugadores profesionales, el tenis es una forma de vida. Algunos dan la vuelta al mundo 20 veces durante su carrera. Hay docenas de torneos cada año y yo incluso he participado en los Juegos Olímpicos. Echo de menos mi casa en Andorra, pero el tenis da muchas satisfacciones y los premios compensan el tiempo que le dedico.

Los comienzos

CUALQUIERA PUEDE EMPEZAR a jugar a tenis. Todo lo que necesitas es una raqueta de tenis prestada, una vieja pelota de tenis y una pared para golpear contra ella. Para adquirir más experiencia, debes hacerte socio de un club de tenis que tenga un buen programa de entrenamiento. Cuando empieces a jugar con mayor regularidad, tu juego mejorará. En esta etapa querrás tener algunos elementos de tu propio equipo. Los dos más importantes son una raqueta apropiada y unas zapatillas de tenis adecuadas.

El vestuario de los chicos

El vestuario de tenis debe ser suelto y estar hecho con materiales naturales y ligeros. Con el objetivo de ajustarte a las reglas de la mayoría de los clubes de tenis, debes llevar mayoritariamente pantalones blancos, calcetines y una camiseta. Algunas veces puedes también llevar camisetas con dibujos o ropa parcialmente de color. Para empezar, servirá el equipo de gimnasia de tu colegio.

Zapatillas de tenis

Es importante que sean de buena calidad y cómodas. Una capa acolchada en la suela reducirá la vibración sobre los tobillos y las piernas cuando corras. También deben sujetarte el empeine y la parte posterior del talón. Compra zapatillas que se adapten tanto a pistas cubiertas como exteriores.

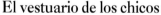

Un cuero de calidad será más resistente que la lona.

Los agujeros en las zapatillas permiten que circule el aire y mantienen los pies frescos.

La suela de cuero ligera pero resistente está diseñada para proporcionar la máxima adherencia.

Si llevas el pelo largo, recógetelo en una coleta para que no te moleste en la cara.

Los polos son la prenda de tenis tradicional y popular.

Los pantalones cortos tienen bolsillos para guardar una pelota para el segundo servicio.

Los refuerzos en las puntas protegen las zapatillas y las puntas de tus pies.

Los calcetines de rizo absorben el sudor y proporcionan una amortiguación extra.

La talla de las zapatillas
Asegúrate de que compras las zapatillas de tu talla o te causarán ampollas.

El portaraquetas protege tus raquetas cuando no las usas. Puedes llevarlo al hombro o en bandolera, y suele llevar una bolsa para pelotas.

El vestuario de las chicas
La misma norma del vestuario mayoritariamente blanco se aplica a las chicas también. Muchas llevan también vestidos de tenis o una falda con una camiseta, pero si lo prefieres puedes llevar pantalones cortos. No lleves joyas ya que pueden engancharse en la ropa.

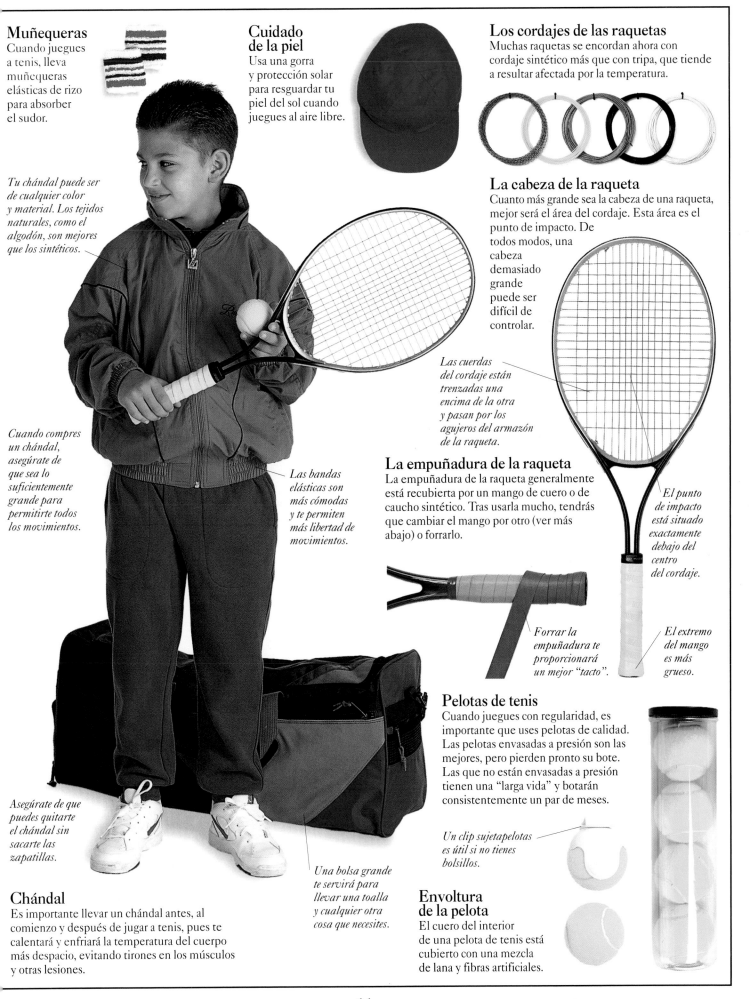

Muñequeras
Cuando juegues a tenis, lleva muñequeras elásticas de rizo para absorber el sudor.

Cuidado de la piel
Usa una gorra y protección solar para resguardar tu piel del sol cuando juegues al aire libre.

Los cordajes de las raquetas
Muchas raquetas se encordan ahora con cordaje sintético más que con tripa, que tiende a resultar afectada por la temperatura.

La cabeza de la raqueta
Cuanto más grande sea la cabeza de una raqueta, mejor será el área del cordaje. Esta área es el punto de impacto. De todos modos, una cabeza demasiado grande puede ser difícil de controlar.

Tu chándal puede ser de cualquier color y material. Los tejidos naturales, como el algodón, son mejores que los sintéticos.

Cuando compres un chándal, asegúrate de que sea lo suficientemente grande para permitirte todos los movimientos.

Las bandas elásticas son más cómodas y te permiten más libertad de movimientos.

Las cuerdas del cordaje están trenzadas una encima de la otra y pasan por los agujeros del armazón de la raqueta.

La empuñadura de la raqueta
La empuñadura de la raqueta generalmente está recubierta por un mango de cuero o de caucho sintético. Tras usarla mucho, tendrás que cambiar el mango por otro (ver más abajo) o forrarlo.

El punto de impacto está situado exactamente debajo del centro del cordaje.

Forrar la empuñadura te proporcionará un mejor "tacto".

El extremo del mango es más grueso.

Pelotas de tenis
Cuando juegues con regularidad, es importante que uses pelotas de calidad. Las pelotas envasadas a presión son las mejores, pero pierden pronto su bote. Las que no están envasadas a presión tienen una "larga vida" y botarán consistentemente un par de meses.

Asegúrate de que puedes quitarte el chándal sin sacarte las zapatillas.

Una bolsa grande te servirá para llevar una toalla y cualquier otra cosa que necesites.

Un clip sujetapelotas es útil si no tienes bolsillos.

Chándal
Es importante llevar un chándal antes, al comienzo y después de jugar a tenis, pues te calentará y enfriará la temperatura del cuerpo más despacio, evitando tirones en los músculos y otras lesiones.

Envoltura de la pelota
El cuero del interior de una pelota de tenis está cubierto con una mezcla de lana y fibras artificiales.

La pista y el juego

CUANDO PISES LA PISTA para jugar un partido, necesitarás conocer algunas reglas básicas del tenis. Intenta aprender para qué son las líneas que enmarcan la pista ya que limitan tus drives, voleas y servicios. Aprende cuándo y dónde debes devolver la pelota y cómo se puntúa. Observa las reglas no escritas sobre el comportamiento y el protocolo. Esto significa que debes ser honrado y honesto todo el tiempo, especialmente cuando cantes el tanteo después de cada punto. Finalmente, escoged quién servirá primero lanzando al aire una moneda o haciendo girar una raqueta. Y lo más importante, ¡empieza a jugar!

Superficies de pista

Se puede jugar a tenis en varias superficies de pista, cada una de las cuales afecta al bote de la pelota de manera distinta. Una pista lenta es la roja de arcilla, llamada también de tierra batida. Ésta hace que la pelota bote más alto y más despacio. Una pista rápida, como la de hierba, es la que hace que la pelota se mueva más rápidamente cuando bota.

La línea lateral tiene 11,89 m de longitud.

Marca central o pequeña T en la línea de fondo.

Tenis corto

Si al principio el tenis normal te resulta difícil, puedes aprender jugando al tenis corto. Te ayudará a desarrollar tus golpes y te enseñará cómo moverte y a colocarte en la pista. El tenis corto se juega usando raquetas ligeras y pelotas de esponja. Se juega en una pista de badminton, que es considerablemente más pequeña que una pista de tenis normal, con una línea de fondo de sólo 6,1 m y una línea lateral de 13,4 m. En un juego hay sólo 11 puntos, pero el juego debe ganarse por dos puntos de diferencia después de que se llegue a 10-10. Cuando domines el tenis corto, podrás pasar a jugar al tenis de transición (ver siguiente página).

Para el tenis corto, la red de badminton se baja a 78 cm.

La pista de tenis corto no tiene pasillos laterales ni recuadros de servicio.

Sistema de puntuación en el tenis

Juego o game Empezando desde 0 o "nada", un jugador debe ganar cuatro puntos llamados 15, 30, 40 y juego.

Iguales o deuce Si la puntuación es iguales (40-40), el juego continúa hasta que un jugador gana por dos puntos: el punto de ventaja y el punto de juego. Si pierdes el punto de ventaja la puntuación vuelve a ser iguales.

Set o manga El primer jugador que gane seis juegos gana el set, pero el ganador debe ganar al menos por dos juegos de diferencia. Si la puntuación en un set llega a 5-5, se juegan siete juegos. Si es 6-6, se juega a siete puntos (*tie-break* o muerte súbita) y el jugador que gana el tie-break gana el juego y el set.

Partido o match Un partido consta generalmente de tres sets (cinco sets en los partidos profesionales masculinos).

El marcador muestra los puntos, juegos y sets.

Los jueces de línea están colocados alrededor de la pista para anunciar las faltas.

El juez de silla tiene una buena visibilidad de la pista desde la silla alta que hay junto a la red. Las decisiones del juez de silla son determinantes y él o ella anuncian la puntuación después de cada punto.

Los recogepelotas, chicos y chicas, recogen cada pelota perdida.

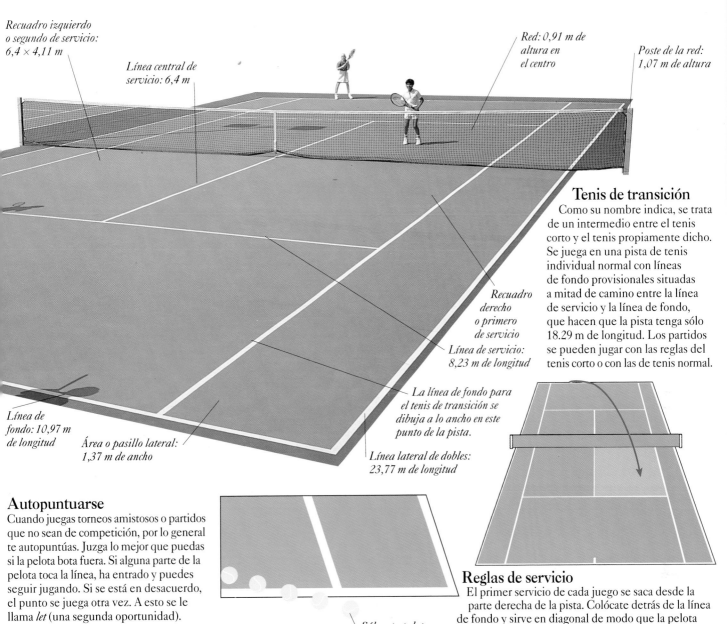

Recuadro izquierdo o segundo de servicio: 6,4 × 4,11 m

Línea central de servicio: 6,4 m

Red: 0,91 m de altura en el centro

Poste de la red: 1,07 m de altura

Recuadro derecho o primero de servicio

Línea de servicio: 8,23 m de longitud

La línea de fondo para el tenis de transición se dibuja a lo ancho en este punto de la pista.

Línea de fondo: 10,97 m de longitud

Área o pasillo lateral: 1,37 m de ancho

Línea lateral de dobles: 23,77 m de longitud

Tenis de transición

Como su nombre indica, se trata de un intermedio entre el tenis corto y el tenis propiamente dicho. Se juega en una pista de tenis individual normal con líneas de fondo provisionales situadas a mitad de camino entre la línea de servicio y la línea de fondo, que hacen que la pista tenga sólo 18.29 m de longitud. Los partidos se pueden jugar con las reglas del tenis corto o con las de tenis normal.

Autopuntuarse

Cuando juegas torneos amistosos o partidos que no sean de competición, por lo general te autopuntúas. Juzga lo mejor que puedas si la pelota bota fuera. Si alguna parte de la pelota toca la línea, ha entrado y puedes seguir jugando. Si se está en desacuerdo, el punto se juega otra vez. A esto se le llama *let* (una segunda oportunidad).

Optimismo

Cuando estoy en la pista, intento concentrarme por completo en mi juego y poner toda la determinación en cada golpe con el objetivo de ganar. Si pierdo el punto, intento olvidarlo inmediatamente. Pensar demasiado en los errores puede hacer que juegues mal el siguiente punto. Serénate, considera los puntos de uno en uno y juega lo mejor que puedas. Todos los profesionales aprenden a pensar de este modo y, si quieres hacerlo bien, tú también debes pensar así.

Sólo esta pelota bota fuera, pues las otras han tocado la línea.

Reglas de servicio

El primer servicio de cada juego se saca desde la parte derecha de la pista. Colócate detrás de la línea de fondo y sirve en diagonal de modo que la pelota bote en el recuadro de servicio de tu adversario. Alterna la pista derecha con la izquierda para servir en cada nuevo punto. Cada jugador sirve durante un juego completo, intercambiándose el lado de la pista después de cada dos juegos. Si el servicio toca la parte superior de la red y aterriza dentro, se le llama *let* y se sirve otra vez.

Protocolo de pista

El tenis es un deporte muy competitivo y algunas veces los jugadores tienen dificultades para controlar su comportamiento en la pista. Nunca discutas una puntuación, di *let* si no estás de acuerdo con tu adversario y repite el punto otra vez. Aunque es importante ser amigable, no dejes que tu adversario se aproveche de ti. Intenta ser honrado y juega tu mejor juego. Tanto si pierdes como si ganas, dale las gracias a tu adversario por haber jugado contigo.

Preparación previa

ANTES DE EMPEZAR a jugar a tenis, debes realizar estiramientos y ejercicios rutinarios para calentarte. El calentamiento relajará tus músculos y articulaciones, dándote más flexibilidad. Esto hará que tu corazón lata más deprisa y puede ayudar a evitar lesiones. Te preparará para moverte más rápidamente y alcanzar pelotas más largas. Realizar ejercicios rutinarios antes de un partido te puede ayudar también a concentrarte. Practica otros ejercicios junto a la pista para poner a prueba tus reacciones y tu velocidad. ¡El trabajo de pies y la coordinación son habilidades esenciales!

Estiramiento de abductores

Este ejercicio estirará la cara interna de tus piernas y la zona de los abductores. Siéntate en el suelo, junta las suelas de tus zapatillas y acércate los tobillos al cuerpo. Para aumentar el estiramiento, intenta agacharte despacio y suavemente tocando las rodillas con los codos. Mantén esta posición durante 20 segundos y después relájate. Repítelo tres veces.

Mantén la espalda recta.

Mantén los tobillos en el suelo.

Estiramiento de piernas

Este ejercicio estira los tendones de la parte posterior de las piernas. Siéntate en el suelo con las piernas estiradas delante de ti. Con la parte posterior de las rodillas en el suelo, llega hasta las puntas. Si no llegas a tocarte las puntas, entonces llega lo más lejos que puedas. Mantén esta posición durante 20 segundos y después relájate. Repítelo tres veces.

Mantén los pies juntos y la parte posterior de las rodillas en el suelo.

Estiramiento de hombros

Caliéntate la parte superior de los brazos y la zona de los hombros con este ejercicio. Permanece erguido y usa un brazo para intentar tocarte detrás del hombro. Usa la otra mano para tirar hacia atrás con suavidad del codo del brazo flexionado. Mantén la cabeza alta y continúa en esta posición durante 20 segundos. Repítelo tres veces con el mismo brazo.

Durante este ejercicio, mantén la espalda recta.

Mira hacia delante mientras te mueves.

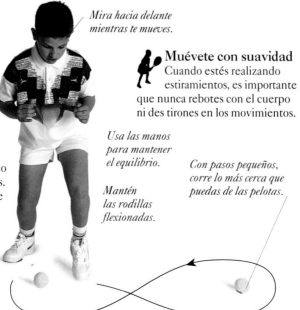

Figura de ocho

Perfecciona tu movimiento de pies y tu agilidad con este ejercicio. Coloca dos pelotas de tenis en el suelo a un metro de distancia una de la otra. Muévete lo más rápidamente que puedas en una figura de ocho dibujada alrededor de las pelotas. Da pequeños pasos y permanece algo agachado para ayudarte a mantener el equilibrio. Cuenta cuántas veces puedes completar esta figura de ocho en un minuto, después cambia de dirección y realiza el mismo ejercicio en el otro sentido.

Muévete con suavidad

Cuando estés realizando estiramientos, es importante que nunca rebotes con el cuerpo ni des tirones en los movimientos.

Usa las manos para mantener el equilibrio.

Mantén las rodillas flexionadas.

Con pasos pequeños, corre lo más cerca que puedas de las pelotas.

Intenta no inclinarte hacia delante.

Estiramiento lateral

Intenta estirar la cintura y los músculos del estómago colocando la mano derecha en la cadera e inclinándote hacia tu derecha. Mueve el brazo izquierdo por encima de la cabeza para aumentar el estiramiento. Mantente así durante 20 segundos y después realiza el mismo ejercicio hacia la izquierda. Repítelo tres veces.

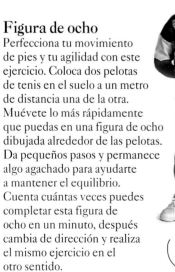

Reacciones rápidas

Para practicar reacciones rápidas necesitas realizar ejercicios que pongan a prueba la velocidad a la que puedes moverte hacia la pelota. Intenta el siguiente juego con un amigo. Turnaos para coger la pelota.

1 Tu pareja sostiene la pelota delante de su cuerpo, mientras tú permaneces con la mano colocada con suavidad encima de la suya.

Asegúrate de que la pelota está mirando hacia el suelo.

Apóyate en las puntas de los pies.

2 En cualquier momento, tu pareja puede dejar caer la pelota. Tienes que intentar cogerla antes de que bote. Si al principio esto te parece difícil, pídele a tu pareja que sostenga la pelota más alta.

Coloca la mano debajo de la pelota cuando ésta caiga.

Mantén los pies separados para ayudarte en el equilibrio.

Sigue la pelota con la mirada.

Ambas pelotas deben estar en el aire al mismo tiempo.

Control básico de la pelota

Practica tu coordinación mano-ojo con una pareja permaneciendo a 2 m uno del otro y lanzaos uno al otro una pelota al mismo tiempo. Apunta la pelota con cuidado y lánzala desde debajo hacia arriba. Para hacerlo más difícil, da una palmada o gira sobre ti antes de coger la pelota.

Mantén las rodillas flexionadas.

Mantén los pies separados a la distancia de los hombros para mantener el equilibrio.

Controlar la pelota

Para coordinar mejor tus golpes, bota una pelota en el cordaje de la raqueta. Cuenta cuántas veces seguidas puedes golpear la pelota. Para hacerlo más difícil, intenta hacer el mismo ejercicio sin mover los pies. Si necesitas más tiempo, lanza la pelota más alta.

Intenta mantener la raqueta entre la altura del hombro y la de la rodilla.

Pasos cruzados

En tenis es importante desplazarse con rapidez y con un buen movimiento de pies, manteniendo siempre el equilibrio. Para poner a prueba tu movimiento de pies y tu coordinación, practica los pasos de lado a lo largo de la línea de fondo. Continúa hasta que llegues al final de la línea y entonces regresa sobre tus pasos. Repite el ejercicio tres veces.

1 Desde la posición de espera, muévete hacia tu izquierda pasando la pierna derecha por encima y por delante de la pierna izquierda.

Tensión de las piernas
Intenta flexionar las rodillas cuando cruces las piernas y estíralas cuando des el paso lateral.

2 Mueve la pierna izquierda hacia un largo paso lateral.

Mira siempre hacia delante y mantén la cabeza quieta cuando te estés moviendo.

Apóyate en las puntas de los pies.

3 Mueve la pierna derecha por encima y por detrás de la pierna izquierda. Da otro largo paso lateral con la pierna izquierda.

Usa las manos para mantener el equilibrio.

Intenta caminar con suavidad.

Cómo empuñar la raqueta

Raqueta ligera para niños

Las raquetas para niños son generalmente de un tipo más ligero y más ancho. El ancho de su cabeza es casi normal, pero el mango es más corto.

EXISTEN RAQUETAS de diferentes medidas. La medida de las raquetas para niños es de 52 a 64 cm de longitud. El ancho del armazón, varía desde uno estrecho a los que tienen la anchura del cuerpo. Las raquetas para niños son más ligeras y tienen empuñaduras más delgadas que, cuando se sujetan, dejan muy poco espacio entre el dedo meñique y la palma de la mano. Una vez hayas elegido la raqueta más adecuada para tu edad y talla, aprende a empuñarla correctamente. Tu raqueta debe ser como una prolongación natural de tu brazo y de tu mano. Cuanto más cómoda te resulte la raqueta, mejores serán tus golpes. Un golpe es la acción completa de golpear la pelota y tiene tres fases principales: la preparación previa al golpe o *swing*, el golpe y el acompañamiento de la acción con el cuerpo y la raqueta.

Armazón de la raqueta

Cuerdas trenzadas de la raqueta.

La banda de goma protege el cordaje.

Lado superior plano o lateral superior

Debe haber un pequeño espacio entre el dedo meñique y la palma de tu mano.

Hombro de la raqueta

Lado izquierdo

Pie o talón de la empuñadura

Lado derecho

Cabeza de la raqueta

Las principales cuerdas centrales están metidas en el puente de la raqueta.

El cuello de la raqueta afecta a la flexibilidad del armazón.

Las cuerdas principales son las longitudinales.

Grip para el drive

La manera cómo se da un golpe cuando le pegas a la pelota y el efecto que el golpe produce en ella dependen en gran parte de cómo sostienes la raqueta. A esto se le llama *grip* o agarre. Hay tres tipos de grip para el drive: oriental, continental y occidental. Sostén la raqueta con la mano al final de la empuñadura. Esto te proporcionará espacio para colocar tu otra mano para los golpes a dos manos. Todos los grips son simétricos para los jugadores zurdos. Sigue estas instrucciones usando la mano izquierda, recordando que el lado derecho de la raqueta se convierte en el lado izquierdo y viceversa.

Grip oriental de drive

Se trata de un grip muy natural que se usa para golpear a cualquier altura una pelota liftada, cortada o sin efecto. Coge la raqueta con normalidad. La "V" que hay entre tu dedo anular y el pulgar debe estar en el lado derecho de la empuñadura de la raqueta. Estira el dedo anular hacia arriba de la empuñadura para tener un mejor apoyo.

Mantén la base de tu mano en el extremo de la raqueta. Coloca la palma en la parte posterior de la empuñadura para tener un mejor apoyo.

Grip continental

Usa este grip para golpear pelotas bajas. Coloca la "V" hecha por tu pulgar y tu dedo anular de modo que esté ligeramente a la izquierda o en el centro de uno de los laterales planos de la empuñadura. Te resultará difícil dar golpes liftados con este grip.

Advierte la "V" entre el dedo anular y el pulgar.

Grip occidental de drive

Este grip se desarrolló en California, donde las pistas de cemento hacen que la pelota bote más alto. Usa el grip occidental para los liftados fuertes y para golpear pelotas que boten alto. Mueve la "V" hacia el lado derecho de la empuñadura. Coloca el nudillo del dedo anular más abajo y envuelve con el pulgar la parte superior.

En este grip, tu muñeca deberá estar flexionada con naturalidad.

Grip semioccidental de drive

Este grip es una variante del grip occidental en el que la posición de tu muñeca es menos forzada. Usa este grip para los golpes muy liftados y para golpear pelotas que boten muy alto. La "V" que hay entre tu dedo anular y el pulgar debe estar colocada en el lado derecho de la empuñadura. El nudillo de tu dedo anular debe estar en el lado derecho, más abajo, y el pulgar debe envolver la empuñadura.

Usando el grip semioccidental, resulta difícil golpear las pelotas bajas.

Grip de revés

Hay dos maneras de sostener la raqueta para realizar un revés: con una mano o a dos manos. Muchos jugadores usan el grip a dos manos para tener un mejor apoyo y más fuerza en el revés. Esto también evita realizar un cambio de grip después de un golpe de revés. Si te das cuenta de que prefieres usar una mano, intenta cambiar siempre tu grip de modo que no flexiones la muñeca violentamente cuando añadas un liftado al golpe. Si estás realizando un revés cortado, intenta usar un grip continental o un grip oriental.

Grip oriental de revés

El grip oriental de revés se usa para los efectos liftados y cortados. Coloca la "V" en el lado izquierdo de la empuñadura y el nudillo de tu dedo anular en el lado frontal superior de la raqueta. Envuelve la empuñadura con el pulgar.

Estira ligeramente el dedo anular hacia arriba de la empuñadura para tener una mayor fuerza y flexibilidad.

Fuerte grip oriental de revés

Usa este grip para los liftados fuertes. Coloca el nudillo de tu dedo anular en el lateral plano de la empuñadura y la "V" en la parte posterior izquierda. Si usas un fuerte grip oriental de revés, sé consciente de que necesitas tiempo para hacer un cambio de grip (ver pág. 21) entre dos golpes.

Grip a dos manos sin cambio

Sólo puede hacerse si usas un grip oriental para tu drive. Con tu mano habitual en un grip oriental de drive al extremo de la empuñadura, simplemente añade la otra mano, usando también el grip oriental de drive. Recuerda que un grip a dos manos limita tu alcance a las pelotas largas y, en esos casos, es mejor realizar un golpe con una sola mano. Si generalmente juegas con un grip de drive occidental o semioccidental, entonces necesitarás cambiar tu grip por un revés a dos manos.

Grip a dos manos con cambio

El cambio de grip es especialmente útil para golpes liftados fuertes y puede ser efectivo cuando se recibe una pelota que bota muy alto. Con la mano habitual tanto en un grip oriental de revés como en un fuerte grip oriental de revés, coloca más alta tu otra mano en la empuñadura con un grip oriental de drive o con un grip semioriental de drive.

Imagen en el espejo
Intenta sostener un espejo junto a estas fotografías para ver las posiciones de los zurdos en la empuñadura.

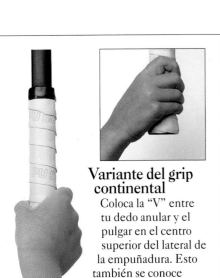

Variante del grip continental

Coloca la "V" entre tu dedo anular y el pulgar en el centro superior del lateral de la empuñadura. Esto también se conoce como grip "de hacha" –como si te imaginaras cortando madera con el lateral de la raqueta–, en que tu mano cogerá la empuñadura con naturalidad. Este grip es ideal para volear ya que no tienes tiempo para cambiar tu grip entre una volea de revés y una de drive. Es también el mejor grip para servir ya que permite cualquier movimiento de muñeca. De todos modos, necesitarás tener una muñeca fuerte.

Mantén la raqueta alta y mira la pelota.

Flexionar las rodillas te ayudará a moverte hacia el golpe.

Posición de espera

Cuando domines cómo sostener la raqueta, estarás preparado para empezar a jugar. En tenis, una de las posiciones más básicas es la posición de espera. Se usa para recibir el servicio y como una posición "base" entre golpes. En posición de espera debes estar relajada y concentrada, con las rodillas flexionadas y las puntas preparadas para saltar en respuesta al golpe de tu adversario. Mantén la raqueta en el centro de modo que puedas moverla rápidamente hacia cualquier lado.

Las cinco habilidades fundamentales

Hay cinco habilidades básicas que jugadores de todas las edades y niveles debéis dominar para realizar golpes de calidad.
1. No quites los ojos de la pelota.
2. Un movimiento de pies rápido hacia la pelota y una rápida recuperación para el siguiente golpe.
3. Un buen equilibrio, manteniendo el centro de gravedad bajo y la cabeza quieta.
4. Control del *swing* de la raqueta y del golpe.
5. Conocimiento exacto de la altura y el ángulo de la cara de la raqueta en el punto de contacto con la pelota.

Golpe de derecha o drive

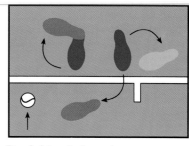

HAY DOS TIPOS de golpes de fondo: el drive y el revés. Los golpes de fondo se juegan después de que la pelota haya botado una vez. Para muchos jugadores, el drive es el golpe más fuerte y es generalmente el que aprenden primero. Intenta perfeccionar este golpe de modo que puedas contar con él en el peloteo y el ataque. Aspira a que tu *swing*, relajado y medido, parezca natural y no forzado.

Posición de los pies

Si eres diestro, camina hacia delante con el pie izquierdo (de color violeta); si eres zurdo, camina con el pie derecho. A esto se le llama tu pie avanzado y lo usas para colocarte ladeado hacia la pelota. Si usas una postura más abierta, camina hacia atrás con el pie avanzado (en color azul).

Tu drive

Concéntrate en cada fase del golpe: el *swing* hacia atrás, el golpe y el acompañamiento posterior. Recuerda las cinco habilidades básicas (ver pág. 16) para ejecutar una acción suave y controlada.

Intenta usar un grip oriental de drive.

1 Colócate en la posición de espera con las rodillas flexionadas. Mira la pelota y prepara tu grip de derecha cuando te muevas para ejecutar el golpe.

2 En una posición baja y compacta, empieza ya a llevar la raqueta hacia atrás guiándola con tu mano libre para ayudar a girar los hombros.

Gira los hombros cuando lleves la raqueta hacia atrás.

Muñeca flexionada

Mantén la muñeca flexionada hacia atrás y muévela junto al pie del mango de la raqueta cuando empieces a llevarla hacia delante.

3 Lleva la raqueta hacia atrás por encima de la altura del hombro de modo que dibuje una curva natural cuando vayas a golpear.

Mantén las rodillas flexionadas.

Una postura más abierta para el drive

A muchos jugadores les gusta golpear la pelota desde una posición menos lateral. Esta postura se usa para golpear una pelota que bote alto con un grip occidental o semioccidental, pero es difícil de usar para los golpes bajos. Una postura más abierta también ayuda a modificar la dirección de tu golpe. Avanza un poco hacia delante con el pie avanzado, pero mantén el peso sobre el pie retrasado. Cuando lleves hacia atrás la raqueta, date impulso con la pierna retrasada de modo que "lances" tu peso hacia delante y hacia la pelota.

Gira los hombros y lleva la raqueta hacia atrás del todo.

Adelanta tu pie avanzado.

Haz fuerza con la pierna retrasada.

Gira con rapidez los hombros para tener más fuerza.

Adelanta tu pie avanzado.

Efecto liftado

Se golpea una pelota con efecto liftado después de que ésta bote. Un drive con efecto liftado puede hacer que la pelota se eleve alta por encima de la red y entre en la pista de tu adversario. Lleva la raqueta hacia atrás como haces normalmente, pero esta vez con una gran curva de modo que se coloque por debajo de la altura de la pelota que se aproxima. Mueve la raqueta hacia arriba, cepillando la parte posterior de la pelota y acompañándola por encima de tu otro hombro.

Dominio del efecto liftado

Usa el lado superior de la raqueta para rozar la parte posterior de la pelota. Cuanto más rápido muevas la raqueta, más vueltas dará la pelota.

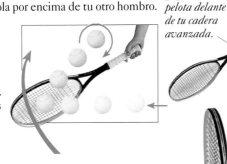

Mantén la cabeza de la raqueta baja e intenta golpear la pelota delante de tu cadera avanzada.

Flexiona las rodillas.

Gira los hombros rápidamente para golpear la pelota con más fuerza.

Gira los hombros

Apunta hacia la pelota con la mano libre. Esto mantendrá tus hombros girados y te ayudará a mantener el equilibrio.

Mantén la cabeza quieta durante el golpe.

Consejos prácticos

Un golpe de derecha –drive– puede ejecutarse desde cualquier lugar de la pista. Envía tus golpes largos paralelos a la línea o en diagonal cruzando la pista. Ocasionalmente, engaña a tu adversario con golpes cruzados.

Este liftado cruza la pista en diagonal

5 Mantén los hombros girados cuando lleves la raqueta hacia la zona del golpe.

Gira tu brazo libre junto con los hombros.

El codo apunta en la dirección de la pelota.

Tu raqueta debe encontrar la pelota delante de tu cuerpo.

Cuando golpees la pelota, mantente firme sobre la pierna avanzada.

6 Con el cuerpo mirando hacia delante, sigue con la raqueta por encima de tu otro hombro. Mueve el pie retrasado hacia delante para mantener el equilibrio. Esto también te ayudará a recuperarte para el siguiente golpe.

Flexiona la pierna retrasada cuando te muevas hacia delante de modo que puedas acabar el movimiento y recuperarte con rapidez.

4 Baja un poco la cabeza de la raqueta y después muévela hacia la pelota para levantar algo el golpe. Gira los hombros y golpea la pelota entre la altura de la rodilla y la del hombro delante de tu cuerpo.

Mantén tu peso sobre el pie avanzado.

Posición de espera

Después de ejecutar el golpe, muévete hacia atrás hacia la posición de espera junto a la pequeña T de la línea de fondo.

El revés

MUCHOS JUGADORES EMPIEZAN usando dos manos en el revés. Puedes progresar hacia un golpe con una sola mano cuando tengas más confianza o continuar usando dos manos para darle a tu golpe más fuerza. Como el drive, el revés es una acción de *swing* y puedes usarla para golpear una pelota horizontal, con efecto liftado o cortado. El revés es a menudo un golpe fuerte superior al drive; con práctica, puedes perfeccionarlo y convertirlo en un poderoso golpe.

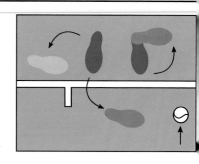

Posición de los pies
Si eres diestro, camina hacia delante con el pie derecho cuando ejecutes el revés (en color violeta). Si eres zurdo, tu pie izquierdo será tu pie avanzado. Como en un drive, también puedes ejecutar un revés desde una postura más abierta (en color azul).

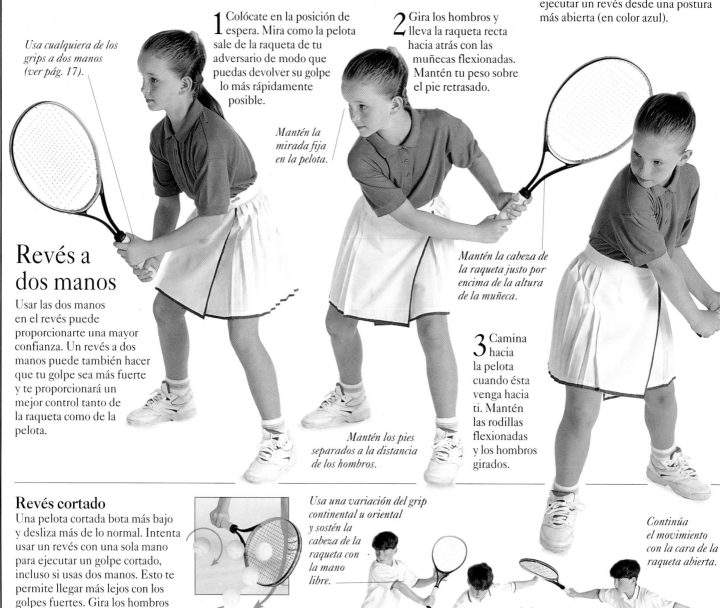

Usa cualquiera de los grips a dos manos (ver pág. 17).

1 Colócate en la posición de espera. Mira como la pelota sale de la raqueta de tu adversario de modo que puedas devolver su golpe lo más rápidamente posible.

Mantén la mirada fija en la pelota.

2 Gira los hombros y lleva la raqueta recta hacia atrás con las muñecas flexionadas. Mantén tu peso sobre el pie retrasado.

Mantén la cabeza de la raqueta justo por encima de la altura de la muñeca.

Revés a dos manos

Usar las dos manos en el revés puede proporcionarte una mayor confianza. Un revés a dos manos puede también hacer que tu golpe sea más fuerte y te proporcionará un mejor control tanto de la raqueta como de la pelota.

Mantén los pies separados a la distancia de los hombros.

3 Camina hacia la pelota cuando ésta venga hacia ti. Mantén las rodillas flexionadas y los hombros girados.

Continúa el movimiento con la cara de la raqueta abierta.

Revés cortado
Una pelota cortada bota más bajo y desliza más de lo normal. Intenta usar un revés con una sola mano para ejecutar un golpe cortado, incluso si usas dos manos. Esto te permite llegar más lejos con los golpes fuertes. Gira los hombros y lleva la raqueta alta hacia atrás. Muévela de arriba abajo, golpeando la pelota ligeramente más hacia tu cuerpo que con un drive horizontal. Sigue el movimiento y mantén la cabeza de la raqueta alta.

Usa una variación del grip continental u oriental y sostén la cabeza de la raqueta con la mano libre.

Cortar la pelota
Golpear de arriba abajo la parte posterior de la pelota con la raqueta hace que la pelota bote baja después de pasar la red.

Golpea con la parte inferior de la raqueta, manteniendo la cabeza de la raqueta ligeramente abierta.

Revés con una mano

Este golpe te permite hacer llegar más lejos las pelotas fuertes que con los reveses a dos manos. Un revés con una mano puede, con la práctica, ser tan poderoso como un revés a dos manos. Lleva la raqueta hacia atrás girando los hombros. Mantente de lado cuando vayas hacia la pelota y la golpees, y después continúa el movimiento con la raqueta alta.

Mantén el brazo de la raqueta estirado y sostén la cabeza de la raqueta con la mano libre.

Apunta tu hombro avanzado hacia la pelota.

Golpea la pelota delante de tu cuerpo.

Mantén el hombro hacia atrás para dar este golpe.

Flexiona las rodillas cuando avances hacia la pelota.

Cambio de grip

Cuando lleves la raqueta hacia atrás para un revés con una mano, usa la mano libre para girar la raqueta. Sostén el cuello de la raqueta con la mano libre y cambia tu grip por un grip oriental de revés (ver pág. 17).

Inclina el cuerpo hacia la pelota.

Mantén las muñecas flexionadas para ayudar a controlar el vuelo de la pelota.

Mantén la cabeza quieta.

Arco

Para producir un mayor efecto liftado o para golpear una pelota que bote alto, llega al golpe con un arco. Deja que la raqueta dibuje un arco de abajo arriba delante de tu cuerpo. Al contrario que en el mostrado arriba, deja que tu otro hombro se mueva también. Tu raqueta cepillará hacia arriba la parte posterior de la pelota.

5 Continúa girando los hombros, moviendo la cabeza de la raqueta fuera del área del golpe.

Estira los brazos de modo que el punto de contacto con la pelota esté delante de tu cuerpo.

Apunta el codo en la dirección en que quieres que viaje la pelota.

Los hombros deben estar completamente girados y mirando hacia delante.

Date impulso hacia delante con el pie retrasado.

4 Gira los hombros con rapidez y empuja tu peso hacia delante.

Consejos prácticos

Un revés se puede ejecutar desde cualquier lugar de la pista, dependiendo de dónde bote la pelota. Envía golpes largos paralelos a la línea lateral o cruzados. Intenta que tu adversario tenga que correr con lanzamientos a las esquinas.

Golpe con efecto liftado paralelo a la línea.

Mueve este pie alrededor para ayudarte a recuperarte para el siguiente golpe.

6 Continúa el movimiento por encima de tu otro hombro con las dos manos sosteniendo todavía la raqueta. Mueve el pie retrasado hacia delante para mantener el equilibrio y recuperarte con rapidez.

El servicio

EN UN PARTIDO DE TENIS, el servicio o saque es el golpe más importante. Es el primer golpe de cada punto y si lo juegas bien puede proporcionarte una inmediata ventaja sobre tu adversario. Es fundamental desarrollar un servicio que puedas repetir exactamente una y otra vez. Intenta hacer que tus servicios dificulten lo más posible la devolución de tu adversario. Decide la dirección y el alcance de cada servicio antes de empezar y concéntrate más en la precisión que en la fuerza. Si cometes un error o falta, te está permitido un segundo servicio.

Lanzar la pelota

Practica el lanzamiento de la pelota permaneciendo en la posición de servicio con la raqueta delante del pie avanzado. Lanza la pelota hacia arriba delante de tu cuerpo, encima de la raqueta e intenta que la pelota dé en la cara de la raqueta.

Sostener la pelota

Sostén la pelota con los dedos sin hacer presión. Lleva otra pelota en el bolsillo o en un clip sujetapelotas, preparada para un segundo servicio.

Preparándote para servir

La acción de servir es un movimiento fluido parecido a "lanzar" la raqueta contra la pelota. Intenta contar "un, dos, tres y golpe" para ayudarte a coordinar el movimiento. "Uno" cuando preparas la raqueta, "dos" cuando pasas los brazos junto a las piernas, "tres" cuando mueves la raqueta hacia atrás y lanzas la pelota hacia arriba, "y golpe" cuando llevas la raqueta por encima de la cabeza y golpeas la pelota.

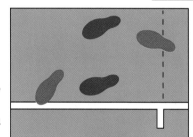

Posición de los pies

Has cometido una falta de pie (en color rojo) si tocas la línea de fondo, pisas la prolongación de la marca central o pisas la línea lateral con cualquier pie antes de golpear la pelota. Si cometes falta en tu segundo servicio (o doble falta), entonces pierdes el punto.

1 Colócate detrás de la línea de fondo con el cuerpo inclinado de lado mirando hacia la pista. Intenta sujetar la raqueta con una variación del grip continental (ver pág. 17) de modo que te resulte más fácil hacer que la pelota vaya hacia un lado.

Mantén ambos brazos estirados.

Apoya la pelota en el cordaje de la raqueta.

2 Mueve ambos brazos hacia abajo despacio de modo que tu mano avanzada toque la pierna avanzada y tu mano de lanzamiento roce la pierna retrasada.

Mantén el hombro de la raqueta hacia atrás.

Flexiona el codo.

Antes de servir

Espera hasta que tu adversario esté en posición de espera.

Baja la raqueta con naturalidad.

3 Mantén el brazo de lanzamiento lejos del cuerpo cuando lleves la raqueta hacia atrás. El brazo que lanza la pelota debe estar estirado cuando lo extiendas por encima de la cabeza. Entonces serà el momento de soltar la pelota.

Pies separados a la distancia de los hombros.

Asegúrate de que tu pie avanzado está detrás de la línea de fondo.

Coloca tu peso sobre el pie retrasado.

Empieza pasando tu peso al pie avanzado.

Servicio liftado

El servicio con efecto liftado hará pasar la pelota con un arco por encima de la red y hará que se acelere después del bote. Lanza la pelota hacia arriba con tu brazo libre. Gira el hombro de la raqueta hacia atrás cuando sueltes la pelota. Cuando ésta empiece a caer, salta hacia arriba usando las piernas y lleva la raqueta hacia arriba también hasta la pelota, y por detrás de ella para producir el efecto liftado.

Servicio cortado

Este efecto hará que la pelota describa una curva hacia un lado. Lanza la pelota hacia arriba y lejos por encima del lado de la raqueta. Usa una variante del grip continental para golpear la pelota con la parte inferior de la raqueta. Si eres diestro, corta con la raqueta de derecha a izquierda en la parte posterior de la pelota. Si eres zurdo, corta con la raqueta de izquierda a derecha. Continúa el movimiento con el cuerpo como de costumbre.

Una postura más abierta

Cuando sirvas, no siempre es necesario mover el pie retrasado hacia delante antes de golpear la pelota. Arriba, el americano Pete Sampras mantiene su pie retrasado atrás porque tiene un mayor equilibrio en esta posición.

Precisión
No intentes realizar con cada primer servicio un golpe ganador. Si intentas servir demasiado fuerte, cometerás errores.

Consejos prácticos

Si juegas individuales, sirve desde cerca de la marca central en diagonal hacia el centro del recuadro de servicio, el cuerpo de tu adversario o lejos de éste, hacia la línea lateral.

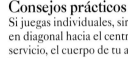

Fuerte servicio con efecto liftado

4 Flexiona el brazo de la raqueta, preparado para golpear la pelota. Apunta con el brazo de la pelota para mantener el hombro retrasado más bajo que la frente.

Imagina que lanzas la raqueta con tu brazo, pero sin soltarla.

Lanza la pelota ligeramente más alta de dónde puedes alcanzarla con la raqueta.

Impúlsate con la cadera avanzada hacia la pista

5 Gira los hombros hasta que estén paralelos a la red. Estira las piernas y salta para golpear la pelota justo cuando empiece a caer.

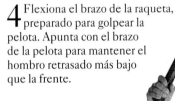

6 Advierte la velocidad de la cabeza de la raqueta, cuando avance a tu muñeca después de golpear la pelota, usa el brazo libre, para mantener el equilibrio cuando tu cuerpo se incline.

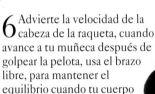

Flexiona las rodillas.

Date impulso desde las rodillas.

Arrastra el pie retrasado hacia delante.

Deja caer tu brazo libre.

7 Cuando acabes el movimiento, deja que la raqueta pase junto a tu cintura. Mira dónde quiere colocar tu adversario el resto.

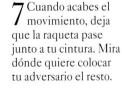

Flexiona la cintura.

Mueve esta pierna alrededor para ayudar a recuperarte para el siguiente golpe.

El resto del servicio

Anticipación
Si conoces bien a tu adversario debes estar preparado para predecir cómo va a servir.

DESPUÉS DEL SERVICIO, la devolución del servicio o resto es el golpe más importante. No sólo tienes que devolver la pelota dentro de la pista, sino que también tienes que dificultar a tu adversario que juegue los siguientes golpes. En el momento en que el servidor lanza la pelota hacia arriba, deberás hacerte una idea del golpe que ha planeado. Si estás recibiendo un servicio rápido, sitúate un metro detrás de la línea de fondo (es más fácil correr hacia delante que hacia atrás). Si el servicio es lento, entonces muévete hacia delante dentro de la pista y trata de golpear la pelota en el momento más alto del bote. Intenta usar los golpes de fondo, adaptándolos para darles una mayor fuerza, dirección y consistencia. Recuerda: el objetivo del servidor es ganar el punto en seguida. Debes reaccionar con rapidez e intentar impedírselo.

Posición de espera
Colócate un metro detrás de donde imaginas que golpearás la pelota. Tan pronto como el servidor la lance hacia arriba, muévete hacia delante colocando los pies paralelos (ver pág. 38). Esto te ayudará a permanecer sobre tus puntas e inclinará tu peso hacia delante de modo que estés preparado para moverte con rapidez.

Si tu adversario ha fallado el primer servicio, colócate justo dentro de la zona de fondo para que vea que estás preparado para atacar.

Resto de revés a dos manos
Un revés a dos manos te proporcionará una fuerza mayor para devolver un servicio rápido. Intenta mantener la raqueta entre la altura de la cintura y la de los hombros, e inclínate hacia la pelota. Si tus adversarios saben que tienes un fuerte revés a dos manos, es muy improbable que sirvan hacia tu golpe favorito. Si sirven lejos, tendrás que usar una sola mano para alcanzarla.

Controlar
Si tu adversario corre hacia la red después de servir, intenta devolver la pelota baja de modo que tu golpe aterrice a sus pies.

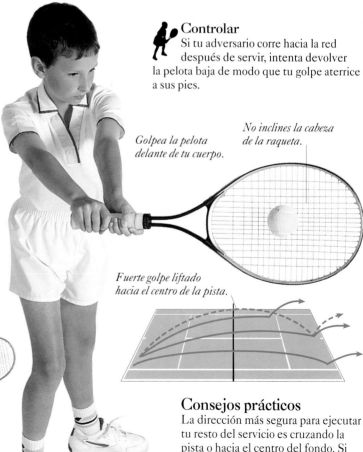

No inclines la cabeza de la raqueta.

Golpea la pelota delante de tu cuerpo.

Tomar impulso
La velocidad del servicio de tu adversario determinará cuánto tiempo tienes para tomar impulso. Un servicio flojo te da tiempo para llevar la raqueta hacia atrás completamente y proporcionar más fuerza a tu golpe, mientras que un servicio rápido requerirá un movimiento corto.

En un largo movimiento, lleva la raqueta recta hacia atrás.

Gira el cuerpo hacia un lado mirando hacia la pista.

Coloca los pies separados y las rodillas flexionadas para ayudarte a mantener el equilibrio.

Si sólo tienes tiempo para un movimiento corto, emplea tu peso para proporcionarle más fuerza al golpe.

Mantén las muñecas firmes.

Fuerte golpe liftado hacia el centro de la pista.

Mantén los pies separados a la distancia de los hombros.

Consejos prácticos
La dirección más segura para ejecutar tu resto del servicio es cruzando la pista o hacia el centro del fondo. Si estás ejecutando un golpe de ataque, hazlo paralelo a la línea lateral (*passing shot*) o ejecuta un golpe a la esquina contraria.

Drive alto

Con este golpe de contraataque, devuelves la pelota hacia el servidor con igual o más velocidad. Desde la posición de espera, lleva la raqueta hacia atrás y, con rapidez, gírate hacia un lado mirando hacia la pista. Si estás ejecutando un golpe de derecha, gira los hombros y pasa tu peso al pie avanzado cuando muevas la raqueta hacia delante. Mantén el equilibrio después del golpe, moviendo la pierna derecha hacia delante y después vuelve a la línea de fondo para el siguiente golpe.

Mantén la cabeza quieta.

Tu raqueta debe estar entre la altura de la cintura y la de los hombros.

Tu raqueta viaja por encima del hombro opuesto cuando continúas el movimiento.

Golpea la pelota delante de tu cuerpo.

Grip semioccidental de drive.

Usa el brazo libre para mantener el equilibrio.

Efecto liftado

Usa el efecto liftado en un resto a ras de red para mantener a tu adversario en una posición defensiva en la línea de fondo.

Sigue mirando la pelota.

Para abrir el ángulo de la cara de tu raqueta, inclínala hacia atrás.

Revés bajo

Para devolver una pelota que bota bajo en el lado de tu revés, flexiona las rodillas y mantén el cuerpo bajo cuando avances hacia el golpe. Golpea la pelota delante de tu cuerpo, con la cabeza de la raqueta en un ángulo ligeramente abierto. Esto hará que la pelota se levante por encima de la red.

Camina hacia delante cuando ejecutes el golpe.

Drive de bloqueo

Se trata de un golpe muy efectivo frente a un servicio rápido. Con un firme grip de la raqueta, usa un movimiento corto, como el de una fuerte volea (ver págs. 26-27). Incluso aunque parezca que vas a darle flojo a la pelota, la velocidad del servicio de tu adversario y el correcto ángulo de la cara de tu raqueta se combinarán para dar lugar a un potente resto.

Grip oriental de revés

Golpe cortado

Intenta usar un golpe cortado con un revés bajo para proporcionarle al golpe más altura y profundidad.

Intenta golpear la pelota en el punto de impacto de la raqueta.

Mantén la muñeca firme.

Dejada de revés

Para devolver un servicio con una dejada, tienes que usar un movimiento corto e inclinarte hacia la pelota. Aquí, la alemana Steffi Graf muestra el parecido entre la dejada de revés y la volea de revés. Advierte cómo Graf gira los hombros, golpeando la pelota más cerca de ella mientras mantiene el brazo de la raqueta estirado. Si el servidor corre hacia la red, una dejada de revés mantendrá la pelota baja cuando viaje por encima de la red y la hará aterrizar a los pies del servidor.

Adelántate hacia la pelota.

Volea de drive

UNA VOLEA ES UN GOLPE que se ejecuta cuando la pelota está en su primer vuelo, antes de botar. Colócate en una posición de ataque a unos 2 m de la red. Tu acción de volea debe ser un breve y fuerte golpe que tenga un corto *swing* previo o posterior a éste. Concéntrate en el ángulo de la cara de la raqueta de modo que la pelota vaya en la dirección correcta. Para empezar, usa cualquier grip de drive, lo que te proporcionará un mayor apoyo en la muñeca. Cuando seas más fuerte, intenta usar en tus voleas una variante del grip continental.

Usa el brazo libre para mantener el equilibrio.

Mantén la cabeza quieta y gira los hombros.

Volea de drive

Si tu adversario continuamente golpea la pelota alta y fuerte pero sin velocidad, sorpréndelo ocasionalmente convirtiendo tu golpe de fondo en una volea. La volea de drive exige práctica ya que tu swing previo debe ser rápido. Intenta devolver la pelota antes de que bote para romper el ritmo de tu adversario.

Pasa tu peso del pie retrasado al pie avanzado.

1 Muévete hacia delante, gira los hombros hacia un lado y lleva la raqueta hacia atrás.

2 Mueve tu peso hacia delante cuando golpees la pelota delante de tu cuerpo.

Doble presión
Jugar dobles es una buena manera de perfeccionar tus voleas ya que estás obligado a moverte hacia delante más a menudo.

Mira la pelota.

Empieza a girar los hombros.

Variante del grip continental.

Mantén las rodillas flexionadas.

Tu peso debe descansar sobre esta pierna.

Mantén los pies separados a la distancia de los hombros y levántate sobre las puntas.

Mantén el centro de gravedad bajo cuando camines hacia delante.

Camina hacia delante y pasa tu peso al pie avanzado.

Practica la volea

1 Colócate en la posición de espera en la línea central. Tu posición cerca de la red implica que hay menos distancia entre tu adversario y tú. Por consiguiente, tus reacciones tienen que ser más rápidas que en cualquier otro momento del peloteo.

2 Cuando veas la pelota venir hacia ti, empieza a llevar la raqueta hacia atrás. La cabeza de la raqueta debe estar ligeramente por encima de la altura a la que vas a golpear la pelota. Usa un corto *swing* previo (ver pág. 24) y mantén la muñeca firme.

3 Gira los hombros y camina hacia delante de modo que tu peso recaiga sobre el pie avanzado. Sostén la cabeza de la raqueta alta de modo que forme la figura de una "V" con tu antebrazo. Mantén la cara de la raqueta abierta (inclinándote hacia atrás) y golpea con la raqueta hacia delante.

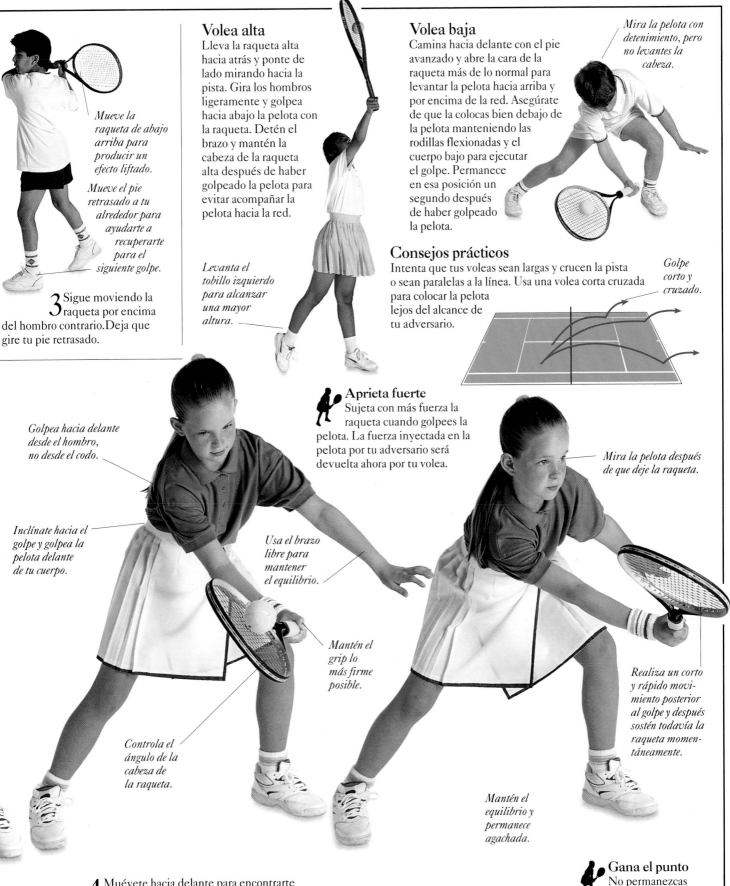

Mueve la raqueta de abajo arriba para producir un efecto liftado.

Mueve el pie retrasado a tu alrededor para ayudarte a recuperarte para el siguiente golpe.

3 Sigue moviendo la raqueta por encima del hombro contrario. Deja que gire tu pie retrasado.

Volea alta

Lleva la raqueta alta hacia atrás y ponte de lado mirando hacia la pista. Gira los hombros ligeramente y golpea hacia abajo la pelota con la raqueta. Detén el brazo y mantén la cabeza de la raqueta alta después de haber golpeado la pelota para evitar acompañar la pelota hacia la red.

Levanta el tobillo izquierdo para alcanzar una mayor altura.

Volea baja

Camina hacia delante con el pie avanzado y abre la cara de la raqueta más de lo normal para levantar la pelota hacia arriba y por encima de la red. Asegúrate de que la colocas bien debajo de la pelota manteniendo las rodillas flexionadas y el cuerpo bajo para ejecutar el golpe. Permanece en esa posición un segundo después de haber golpeado la pelota.

Mira la pelota con detenimiento, pero no levantes la cabeza.

Consejos prácticos

Intenta que tus voleas sean largas y crucen la pista o sean paralelas a la línea. Usa una volea corta cruzada para colocar la pelota lejos del alcance de tu adversario.

Golpe corto y cruzado.

Golpea hacia delante desde el hombro, no desde el codo.

Inclínate hacia el golpe y golpea la pelota delante de tu cuerpo.

Aprieta fuerte
Sujeta con más fuerza la raqueta cuando golpees la pelota. La fuerza inyectada en la pelota por tu adversario será devuelta ahora por tu volea.

Usa el brazo libre para mantener el equilibrio.

Mantén el grip lo más firme posible.

Controla el ángulo de la cabeza de la raqueta.

Mira la pelota después de que deje la raqueta.

Realiza un corto y rápido movimiento posterior al golpe y después sostén todavía la raqueta momentáneamente.

Mantén el equilibrio y permanece agachada.

4 Muévete hacia delante para encontrarte con la pelota delante del cuerpo. Mueve tu raqueta con una trayectoria descendente detrás de la parte posterior de la pelota. Esto proporcionará un efecto cortado a la pelota, ayudándote a colocar tu golpe dentro de la pista de tu adversario.

5 La acción de golpear de tu volea hará que la raqueta siga ligeramente a la pelota. Tan pronto como esto ocurra, detén la cara de la raqueta en el ángulo y la dirección en que has golpeado la pelota. Esto te ayudará a controlar el vuelo de la pelota.

Gana el punto
No permanezcas demasiado cerca de la red después de la volea o tu adversario podrá ejecutar un globo (ver págs. 30-31) hacia la parte posterior de la pista.

Volea de revés

LA VOLEA DE REVÉS a muchos jugadores les parece más fácil de ejecutar que la de drive. Se aplican exactamente los mismos principios para ambos golpes, pero la volea de revés a menudo parece más natural porque se juega desde una posición de lado. Así como un golpe de ataque, la volea de revés se puede usar como un golpe defensivo si la pelota va directa a tu cuerpo. Debes ser contundente y tener rápidos reflejos para alcanzar la pelota en un segundo. Intenta usar un grip continental, pero si tu muñeca es débil cambia a un grip de revés o usa un grip a dos manos.

Volea alta de revés

Para este golpe, necesitarás tener una fuerte muñeca y un firme grip para controlar la cabeza de la raqueta. No dejes que tu raqueta caiga o tiemble cuando golpee la pelota.

Sostén la cabeza de la raqueta con la mano libre.

Usa la mano libre para mantener el equilibrio.

Golpea la pelota delante de tu cuerpo.

Gira los hombros.

Flexiona las rodillas preparado para estirarte hacia la pelota alta.

1 Cuando veas una pelota alta acercándose, gira hacia un lado mirando hacia la pista y lleva la raqueta hacia atrás alta.

2 Golpea la pelota pero no lo hagas antes de que pase por encima de la red o perderás el punto.

Volea baja de revés

Una volea baja es muy difícil de convertir en un golpe de ataque cuando la pelota llega por debajo de la altura de la red. Siempre que tengas que inclinar tu cuerpo por debajo de la pelota, tu golpe no deberá ser sólo un golpe defensivo.

Mantén la mirada en la pelota.

Empieza a girar hacia un lado.

1 Tan pronto como veas que la pelota es baja, gira la parte superior del cuerpo hacia un lado mirando hacia la pista. Flexiona las rodillas cuando lleves la raqueta hacia atrás, sosteniendo el cuello de la raqueta con la mano libre.

Mantén la cabeza de la raqueta por encima de la altura de la muñeca.

Mantén la cabeza y el cuerpo bajos para ayudarte a colocar la raqueta debajo de la pelota.

Muévete hacia la pelota

Cuando ejecutes una volea, es esencial que gires los hombros y choques con la pelota delante de tu cuerpo. El ruso Yevgeny Kafelnikov lo demuestra muy bien desde su lado de revés avanzando para encontrarse con la pelota. Advierte cómo sostiene la cabeza de la raqueta más alta que la muñeca.

2 Camina hacia delante del lado de la raqueta. Golpea con la cabeza de la raqueta la pelota por debajo y hacia arriba. Abre la cabeza de la raqueta ligeramente más de lo normal para elevar más el golpe por encima de la red.

Golpea con la parte inferior de la raqueta para producir un efecto cortado.

Tu peso debe estar sobre el pie retrasado, preparado para desplazarte hacia delante.

Intenta no apartar la mirada de la pelota cuando tu brazo se mueva por delante de tus ojos.

Volea de drive a dos manos con efecto liftado

Intenta usar un golpe de drive a dos manos para volear una pelota alta y lenta. Algunas veces eso se parece al swing de un bate de béisbol, pero tus muñecas deben permanecer firmes. Con un *swing* controlado previo al golpe, muévete hacia delante y lleva la raqueta con un swing hacia la pelota. Para producir un efecto liftado en la pelota, lleva la raqueta de abajo a arriba. Ese efecto controlará y guiará la pelota hacia la pista. Si prefieres ejecutar un drive, deberás tener tiempo para moverte desde el revés y ejecutar un drive.

Mantén la cabeza quieta.

Golpea la pelota delante de tu cuerpo.

Continúa el movimiento con la raqueta por encima de tu otro hombro.

Ponte de lado mirando a la pista con el brazo de la raqueta estirado hacia fuera.

3 Realiza un corto movimiento posterior al golpe y sostén la cabeza de la raqueta alta y ligeramente abierta.

Volea de revés de ataque

Si la pelota está a la altura de la red o por encima de ella, intenta ejecutar una volea de revés de ataque. Desde la posición de espera, lleva la raqueta hacia atrás ligeramente. Camina hacia delante sobre el pie de la raqueta y golpea la pelota con una firme acción. Intenta golpear la pelota justo por encima de la parte superior de la red y fuerte hacia la pista de tu adversario. Mantén la cabeza de la raqueta por encima de la muñeca y sigue un poco el movimiento. Sostén todavía brevemente la cabeza de la raqueta antes de recuperarte.

Mira como la pelota deja la raqueta de tu adversario.

Asegúrate de que el golpe comienza desde el hombro de la raqueta y no desde tu codo.

Mantén la cabeza quieta y no saques los ojos de la pelota.

Camina hacia delante.

Gira la parte superior del cuerpo hacia un lado mirando hacia la pista.

Golpea hacia abajo desde la parte posterior de la pelota para dar lugar a un efecto cortado.

Mantén la cabeza de la raqueta quieta un momento.

3 Detén la cabeza de la raqueta cuando golpees la pelota. Mantén el cuerpo bajo durante un segundo y después regresa a la posición de espera para el siguiente golpe. Mira la pelota todo el tiempo.

En el rebote
Cuando golpees de volea una pelota rápida, imagina que tu raqueta es una pared y deja que la pelota rebote en ella.

Usa el brazo libre para mantener el equilibrio.

Fuerte golpe de ataque

Permanece compacto y agachado.

Mantén las rodillas flexionadas o la pelota chocará con la red.

Tu peso debe estar sobre el pie avanzado.

Consejos prácticos
Una efectiva volea baja puede ganar un punto. Intenta reducir la velocidad de la pelota dejando de apretar ligeramente la raqueta con tu grip, ejecutando un golpe corto y esquinado. Si tu golpe se eleva demasiado alto por encima de la red, tu adversario tendrá la oportunidad de golpear la pelota lejos de ti.

El globo

UN GLOBO DEBE ENVIAR LA PELOTA por encima de la parte superior de la raqueta de tu adversario. De otro modo, éste pueden tener la oportunidad de "esmachar" la pelota . El vuelo de la pelota debe también ser lo suficientemente bajo para que tu adversario no tenga tiempo de devolver el golpe. Un globo alto y fuerte es extremadamente útil en gran variedad de situaciones. Se usa más a menudo como un golpe defensivo o en lugar de un golpe de fondo para contraatacar cuando tu adversario se ha acercado a la red y ha ejecutado una volea.

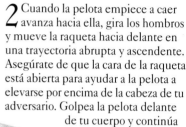

Golpe fuerte en diagonal con efecto liftado.

Consejos prácticos

Apunta tu globo hacia el lado de revés de tu adversario. Cruza la pista si la distancia extra te ayuda a controlar el golpe. El vuelo de la pelota debe alcanzar el punto más alto cuando pase por encima de la cabeza de tu adversario. Recuerda que el viento puede afectar su trayectoria.

Globo plano de revés

Si tu adversario te obliga a moverte hacia atrás con una volea, entonces estás en una posición defensiva. Golpea hacia arriba un globo y obliga a tu adversario a devolver la pelota desde su lado de revés.

Mira la pelota cuando se acerca.

Grip continental

Mantén la cabeza quieta.

Flexiona las rodillas.

Tu movimiento posterior al golpe es alto, con la raqueta por delante.

Usa tu brazo libre para mantener el equilibrio.

Endereza el cuerpo.

1 Lleva la raqueta hacia atrás con rapidez y sostenla con la mano libre.

2 Mantén la cara de la raqueta abierta cuando la lleves hasta debajo de la pelota.

3 Lleva la raqueta hacia arriba y hacia la pelota. Date impulso hacia arriba con las rodillas para darle al golpe una mayor altura.

2 Cuando la pelota empiece a caer avanza hacia ella, gira los hombros y mueve la raqueta hacia delante en una trayectoria abrupta y ascendente. Asegúrate de que la cara de la raqueta está abierta para ayudar a la pelota a elevarse por encima de la cabeza de tu adversario. Golpea la pelota delante de tu cuerpo y continúa moviendo la raqueta en una acción fluida y ascendente.

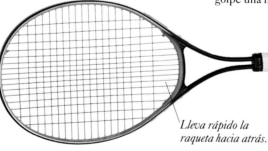

Lleva rápido la raqueta hacia atrás.

Globo bajo de drive

Tu adversario no tiene porqué estar en la red cuando quieras ejecutar un globo. Si estás mal situado ante un golpe de ataque, usa un globo para darte a ti mismo tiempo para prepararte para tu próximo golpe. Si tu adversario ha ejecutado un *smash*, usa un globo con un corto *swing* previo al golpe. De todos modos, si fallas a la hora de dar suficiente fuerza a tu globo, la pelota puede caer antes de tiempo y darle a tu adversario la oportunidad de ejecutar un *smash* ganador.

1 Realiza un *swing* hacia atrás y gira los hombros. Usa bien un grip oriental de drive o bien un grip continental de modo que puedas golpear la pelota por debajo con efectividad. Si la pelota es baja, muévete hacia delante y flexiona las rodillas de modo que tu preparación sea baja.

Continúa con los pies separados a la distancia de los hombros para mantener el equilibrio.

Controla la situación
Si tu globo tiene éxito, intenta colocarte en una posición de ataque en la red y gana el punto con una volea de ataque o un *smash*.

3 Estira las piernas cuando la raqueta continúe el movimiento hacia arriba. Usa tu otro brazo para mantener el equilibrio. El golpe acaba con un movimiento alto. Cuanto mejor sea ese movimiento posterior al golpe, menos probabilidades hay de que tu globo se quede corto. Después de ejecutar un globo, asegúrate de que recuperas una buena posición.

Mantén la cabeza quieta.

Tu raqueta debe hacer contacto con la pelota delante de tu cuerpo.

Mantén la cara de la raqueta abierta.

Gira los hombros.

Buena puntería
En la foto, el americano Michael Chang corre rápido y se mantiene agachado para colocar su raqueta debajo de la pelota y levantarla por encima de la cabeza de su adversario. El globo de Chang es alto y suficientemente largo como para darle tiempo a colocarse en una buena posición de ataque para el siguiente golpe.

Engañar al adversario
Intenta disfrazar tu globo preparándolo con un *swing* hacia atrás de golpe de fondo.

Globo de revés a dos manos con efecto liftado

Si lo ejecutas con éxito, este tipo de golpe puede ganar un punto fácilmente. Un globo de ataque se ejecuta mejor con efecto liftado. Esto hace que la pelota describa una curva por encima de la cabeza de tu adversario, caiga con velocidad y lejos de éste.

Continúa con un movimiento largo y alto.

Sigue mirando la pelota.

Estira las piernas cuando continúes el movimiento con la raqueta.

1 Usa cualquier grip a dos manos. Gira los hombros y lleva la raqueta hacia atrás con rapidez como si te estuvieras preparando para ejecutar un golpe de fondo.

2 Baja la raqueta con una acción curva y roza desde atrás la parte posterior de la pelota de abajo arriba. Mantén la cara de la raqueta ligeramente abierta.

3 Gira los hombros y estira el cuerpo, dándote impulso hacia arriba con las rodillas. Sigue el movimiento con la raqueta por encima de tu otro hombro.

El *smash*

É STE PUEDE SER el golpe más poderoso del tenis, pero exige una gran confianza y concentración para alcanzar el éxito. Un *smash* se ejecuta mejor en la red para devolver un globo corto o una pelota alta y floja después de que haya botado. Usa una acción similar a la de tus servicios. Ten cuidado de no intentar poner demasiada fuerza en el golpe, pero concéntrate en tu puntería y coordinación. Coloca la pelota con fuerza y en el lado débil de tu adversario. Tu adversario tiene muy pocas posibilidades de devolver un *smash* y, con práctica, tu *smash* puede ganar el punto con facilidad.

Ataque en el aire

Con el objetivo de alcanzar un globo alto, el americano Pete Sampras salta en el aire para tocar la pelota antes de que ésta pase por encima de su cabeza. Al mismo tiempo, Sampras ejecuta un *smash* ganador agresivo y controlado. La cámara ha captado el latigazo de la acción de su muñeca cuando la cabeza de la raqueta viaja por encima de la pelota. El atlético Sampras no saca los ojos de la pelota ¡ni siquiera cuando sus pies están a 1 m del suelo!

Practicar el *smash* con salto

Un *smash* con salto te permitirá alcanzar una pelota que de otro modo no podrías devolver. Este golpe necesita una buena coordinación para así moverte hacia la posición y golpear la pelota mientras estás en el aire. Asegúrate de que te preparas con rapidez y muévete hacia un lado hacia una posición desde la que puedas dar un latigazo con la muñeca encima de la pelota y dirigir tu golpe hacia abajo y hacia la pista de tu adversario.

Preparado para rematar

Usa la misma acción de lanzamiento con el brazo de la raqueta que usas cuando sirves (ver págs. 22-23). Apunta hacia la pelota que se aproxima con el brazo libre para mantener el equilibrio y para ayudarte a guiar el golpe.

Mira la pelota a lo largo de tu brazo libre.

Mantén el hombro de la raqueta más bajo que el hombro por el que llega la pelota para asegurarte una buena acción.

Usa los pasos cruzados (ver pág.15) para moverte por la pista.

Apunta con el pie del mango de la raqueta.

Empieza a llevar la raqueta hacia atrás.

Coloca la raqueta detrás de los hombros, manteniendo el codo alto.

1 Gira hacia un lado mirando hacia la pista. Flexiona el codo cuando empieces a levantar la raqueta. Apunta hacia la pelota con la otra mano y síguela cuando te muevas hacia la posición.

2 Si el globo es largo, empieza a moverte hacia atrás cruzando la pierna avanzada por encima de la pierna retrasada.

3 Da un último y largo paso con el pie retrasado y flexiona las rodillas preparada para saltar. Muévete con rapidez, pero no te precipites hacia el salto.

Salta hacia arriba con la pierna de la raqueta.

Smash cruzado

Si no puedes darle la suficiente fuerza a tu *smash* para golpear la pelota más allá de tu adversario, usa un *smash* cruzado. Muévete hacia la pelota y ve hacia la posición de espera con rapidez. Estira el cuerpo y alcanza la pelota. Imagina que estás jugando el segundo servicio con efecto y usa la parte inferior de la raqueta para rozar la pelota y golpearla desde atrás con efecto cortado. Continúa el movimiento bajando la raqueta junto a tu cintura.

Ponte en una posición ladeada.

Corta la pelota con la parte inferior de la raqueta.

Controla el peso de tu cuerpo moviendo el pie retrasado hacia delante.

Smash de revés

Si se controla el tiempo debidamente, es posible ejecutar este golpe con fuerza. Intenta siempre colocar tu *smash* fuerte de revés en el lado más débil de tu adversario; nunca lo lances recto en medio de la pista.

Sostén la cabeza de la raqueta con la mano libre.

Colócate de lado mirando hacia la pista.

Correr al otro lado

Si la pelota está llegando a tu lado de revés, haz un esfuerzo y corre al otro lado para ejecutar un *smash* más poderoso desde tu lado de drive.

Alcanza la pelota con el punto de contacto delante de tu cuerpo.

Continúa el movimiento con la raqueta baja delante de ti.

4 Cuando empieces a "lanzar" tu raqueta hacia arriba, gira los hombros hacia el golpe. Date impulso con la pierna retrasada para saltar hacia arriba y hacia la pelota.

5 Con los hombros girados, alcanza la pelota y lleva la cabeza de la raqueta por encima de la muñeca muy rápido para producir un efecto de latigazo. El punto de contacto debe estar delante de tu cuerpo.

Golpea la pelota con el punto de impacto en el cordaje de tu raqueta.

Consejos prácticos

Desde tu posición en la red, ejecuta un poderoso *smash* hacia abajo de la pista de modo que la pelota bote por encima de la cabeza de tu adversario o lo haga en el lado débil de éste. Intenta enviar ocasionalmente un *smash* cruzado que quede fuera de su alcance.

7 Cuando aterrices, controla el ímpetu de tu peso moviendo el pie de la raqueta hacia delante.

Cuando gires los hombros, mantén la cabeza quieta.

Lleva la cabeza de la raqueta hacia abajo y hacia la pelota.

6 Lleva la raqueta hacia abajo cuando golpees la pelota. Deja que tu brazo libre baje para reducir el giro de la parte superior de tu cuerpo.

Estira todo el cuerpo cuando alcances la pelota para golpearla delante de ti.

Guía la pelota
Ten cuidado de no arrastrar la pelota hacia la red.

Continúa el movimiento con la raqueta junto a la cintura.

Mueve el pie posterior hacia delante para ayudarte a mantener el equilibrio.

La dejada

U N JUEGO GANADOR no sólo consiste en ejecutar tantos golpes poderosos como sea posible. También se trata de mover el máximo a tu adversario y dejar espacios en la pista en los que puedas atacar. La dejada pondrá a prueba tu habilidad para explotar las medidas de la pista. Es un ejemplo de golpe "de muñeca" usado para sorprender la defensa que hace tu adversario desde la línea de fondo. Le obligará a subir a la red y luego podrás ejecutar un drive o un globo. Controlar la velocidad de la pelota y dirigirla con una precisa dejada es típico de un buen juego "de muñeca". Se trata de un golpe suave que no gana necesariamente el punto en un momento, pero que descolocará a tu adversario.

Dejada de revés

A algunos jugadores les parece más fácil ejecutar una dejada desde el lado de revés. La acción de cortar de revés puede parecer más natural ya que es una posición de lado. Si normalmente usas el revés a dos manos, intenta ejecutar este suave golpe con una mano.

Gira los hombros.

Mantén la cara de la raqueta abierta. Esto elevará la pelota justo por encima de la red.

Pasa tu peso al pie avanzado.

1 Haz el *swing* previo al revés alto y sostén la raqueta con el grip que normalmente usas para el revés cortado.

2 Corta hacia abajo desde detrás de la pelota con la raqueta cruzando después la zona del golpe.

Dejada de drive

Intenta ejecutar una dejada con una pelota que bota en medio de la pista después de haber empujado a tu adversario hacia atrás con diversos golpes largos. Si no ejecutas una dejada efectiva, entonces muévete hacia atrás a una posición defensiva. Si ejecutas bien, muévete ligeramente hacia delante de modo que puedas alcanzar una dejada de tu adversario que contrarreste la tuya.

Gírate hacia un lado mirando hacia la pista y sigue la pelota con cuidado con el brazo libre.

1 Usa tu grip usual para ejecutar golpes de fondo o un grip continental para proporcionarle un mayor efecto cortado a tu dejada. Lleva la raqueta hacia atrás más alta y ligeramente más lejos que para una volea.

Empieza a girar los hombros.

2 Con un grip relajado, empieza a llevar la raqueta hacia delante apuntando con su parte inferior. Deja que se produzca una ligera inclinación descendente con tu *swing*.

Mantén las rodillas flexionadas.

Camina hacia delante con tu peso descansando sobre el pie avanzado.

Consejos prácticos

Intenta no ejecutar una dejada desde demasiado atrás de la pista ya que la pelota tendrá menos posibilidades de superar la red. Espera una pelota que bote a media pista. Golpéala con suavidad y con efecto cortado hacia un espacio abierto que esté lejos de tu adversario. La pelota caerá al cruzar la red y después botará muy poco.

Mantén la cabeza quieta y el hombro libre hacia atrás.

3 Sigue el movimiento más allá del punto de contacto, con la raqueta mirando en la dirección en que has golpeado la pelota.

Disfrazar la dejada

Una excelente manera de sorprender la defensa de tu adversario es disfrazar una dejada. Lleva la raqueta hacia atrás con rapidez como si lo hicieras para un golpe de fondo normal y haz ver que quieres ejecutar un drive. En el último momento, reduce la velocidad de la raqueta para ejecutar tu dejada.

Usa un completo swing de la raqueta previo al golpe.

Corta la pelota desde abajo en el último momento.

Camina hacia delante y hacia la pelota.

Dejada de volea

1 Mientras una dejada se ejecuta como un golpe de fondo después del bote, una dejada de volea se ejecuta en la red antes del bote. Prepárate como si fueras a ejecutar una volea normal, caminando hacia delante con un corto *swing* previo al golpe y golpeando la pelota delante de tu cuerpo.

2 Mantén un grip muy relajado y, cuando la pelota golpee el cordaje de la raqueta, mueve la cabeza de la raqueta hacia atrás y absorbe la fuerza del golpe. Esto amortigua la velocidad de la pelota y te permite superar apenas la red con el golpe.

Perfeccionarse con la práctica
Mientras practicas la dejada, comprueba cuántos botes necesita para llegar hasta la línea de servicio de tu adversario. Si son más de tres, será una buena dejada suave.

Mantén la cabeza de la raqueta por encima de la muñeca.

Mantén la cabeza quieta.

Inclínate hacia la pelota.

Tus hombros están girados y mirando la red.

Usa tu otro brazo para ayudarte a mantener el equilibrio.

3 Cuando la pelota se acerque a tu raqueta, abre la cara de la raqueta. Corta hacia arriba y hacia la pelota con la parte inferior de la raqueta y golpea la pelota por detrás con efecto cortado. Mantén tu grip relajado para controlar la velocidad de la pelota.

El punto de contacto está delante de tu cuerpo.

4 Sigue el movimiento con la raqueta para levantar suavemente la pelota por encima de la red. Usa sólo un corto movimiento posterior al golpe y mantén la raqueta mirando en la dirección en que has golpeado la pelota.

Juego de fondo

TODOS LOS JUGADORES, desde los principiantes hasta los más avanzados, usan las cinco habilidades fundamentales (ver pág. 17). Éstas son especialmente importantes cuando peloteas con un adversario desde el fondo de la pista. El modo como juegas desde la línea de fondo depende de tu habilidad y dominio de las tácticas. A medida que te perfecciones, debes familiarizarte con el tipo de decisiones que tienes que tomar: hacia dónde moverte para ejecutar un buen golpe, y cómo o cuándo ejecutar el golpe. Al principio, tus decisiones serán conscientes, pero con más práctica, empezarás a tomar decisiones automáticamente, sin pensar.

Colócate en posición de espera en la T donde confluyen la línea de servicio con la central y mantén la mirada en la pelota cuando ésta deje la raqueta de tu pareja.

Camina con la pierna de la raqueta hacia un golpe de revés.

Primer nivel

Para tener una idea de cómo es el juego de fondo, empieza peloteando con tu adversario de línea de servicio a línea de servicio. En esta etapa, la primera decisión importante es si tu golpe debe ser de drive o de revés (ver arriba). Cuanto más rápido decidas, más rápido podrás reaccionar ante la pelota que se aproxima. Después de golpear la pelota, regresa a tu base (ver pág. 38) en la "T" de la línea de servicio.

Segundo nivel

Cuando empieces a pelotear desde la línea de fondo, deberás ser consciente de cuánto suelo debes cubrir (ver abajo). Te moverás más lejos y recibirás más variedad de golpes desde la línea de fondo que desde cualquier otro lado de la pista. Esto te llevará a la siguiente decisión importante: hacia dónde moverte. Al primer nivel le correspondía el movimiento de lado a lado, dependiendo de si el golpe es de drive o de revés. Ahora también deberás moverte hacia delante si la pelota bota cerca de la red o hacia atrás si la pelota está viajando alto y fuerte.

Preparado

Concéntrate en la pelota de modo que puedas estimar lo alto y rápido que viajará por encima de la red hacia ti.

Cuando te muevas hacia delante y hacia una pelota corta, gírate hacia un lado y lleva la raqueta hacia atrás con rapidez.

Después de cada golpe, intenta regresar a tu posición de base en la línea de fondo (ver pág. 38). Desde aquí, observa a tu adversario devolver la pelota.

Muévete hacia atrás con rapidez para coger una pelota alta y poder así golpearla a una altura cómoda.

Muévete a un lado con rapidez hacia una pelota fuerte con la raqueta preparada.

Para los drives, avanza un paso con la pierna contraria de la mano que sostiene la raqueta. Asegúrate de que mantienes una cómoda distancia entre la pelota y el cuerpo.

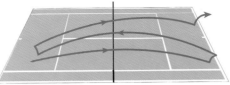

Tercer nivel

Cuando te sientas cómodo moviéndote hacia la pelota y golpeándola en cualquier lugar de la pista, puedes empezar a decidir cómo vas a jugar el golpe. Empieza intentando dirigir la pelota en diagonal, cruzando la pista o paralela a la línea lateral. Varía la altura a la que envías la pelota sobre la red, y prueba algún efecto. Es más fácil cruzar la pelota hacia el otro lado que enviarla paralela, pues es menos probable que la lances fuera.

Cuarto nivel

En esta etapa, debes considerar qué quieres hacer con el golpe. Se presentan tres opciones en cada golpe: pelotear, atacar o defender. Esta elección depende de tu posición en la pista. Desde la zona defensiva de fondo (en rojo), debes ejecutar golpes fuertes que entren en la zona de fondo de tu adversario. Los golpes defensivos se ejecutan también cuando la pelota cae muy atrás. Desde la zona de aproximación (en amarillo), puedes empezar a ejecutar golpes fuertes y algunas veces ejecutar un golpe de ataque fuerte y cruzado. Desde la zona de ataque (en verde), golpeas la pelota tanto con golpes de fondo como con voleas; y cuando tengas la oportunidad ¡ejecuta un golpe ganador!

1 Si corres hacia un lado para devolver una pelota alta y fuerte, realiza un corto *swing* hacia atrás e intenta golpear la pelota cuando ésta suba.

Muévete sin caminar hacia atrás desde la línea de fondo.

Quinto nivel

En esta etapa, debes intentar golpear la pelota con rapidez cuando esté subiendo o en el punto más alto del bote, deteniéndote después del golpe (ver abajo) para volver al punto central. El punto central está a medio camino entre las dos posibilidades extremas de la devolución de tu adversario. Por ejemplo, si ejecutas un golpe fuerte de fondo cruzado, el punto central estará al lado de la pequeña T de la línea de fondo. La pelota tiene posibilidades de cruzar la pista, pero tú debes estar preparado para cubrir la otra área de la pista.

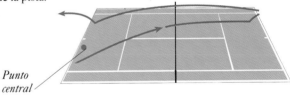

Punto central

2 Cuando pelotees en la línea de fondo, deberás intentar ejecutar más golpes cruzados. Después de ejecutar un golpe, frena tu movimiento cruzando tu pie retrasado.

El punto de contacto debe estar a la altura del pecho, delante de tu cuerpo.

Camina hacia el golpe.

3 Con tu pie de frenado, impúlsate hacia atrás y recupera la posición del punto central, justo al lado de la pequeña T de la línea de fondo. Desde allí debes estar preparada para alcanzar cualquier lugar de la pista para devolver el siguiente golpe.

Pie de frenado

Juego en la red

C UANDO EMPIEZAS A JUGAR a tenis, debes ejecutar golpes largos desde la línea de fondo casi todo el tiempo. Debes moverte hacia delante para devolver una pelota corta cuando sea necesario, antes de volver a la línea de fondo. De todos modos, existe otra opción y es moverse cerca de la red para ejecutar voleas. Las dos posiciones más fuertes en la pista son la posición "base de fondo", detrás del centro de la línea de fondo, y la posición "base de red", 2 m detrás del centro de la red. Tus bases, están relacionadas con los dos tipos de golpes de ataque: el golpe de aproximación (ver abajo) y el servicio.

1 Lanza la pelota hacia arriba delante de ti de modo que el peso de tu cuerpo se mueva hacia delante.

2 Cuando te muevas hacia delante después del servicio, mira hacia arriba para ver cómo va a ejecutar tu adversario su resto.

Servicio y volea

Esta táctica (a la derecha) a menudo se usa para hacer presión sobre el resto del servicio del adversario y es más efectiva cuando se juegan dobles o individuales en una superficie rápida como la hierba.

Aproximación y volea

Un golpe de aproximación se ejecuta desde una pelota que ha botado corta, haciendo que te muevas hacia delante para alcanzarla. Usa tu golpe de aproximación para poner a tu adversario bajo presión. Golpea la pelota fuerte hacia el lado débil de tu adversario, usando el efecto cortado para hacer que la pelota bote lejos de él y mantener la pelota baja. Cuanto más bajos y más fuertes mantengas tus golpes de aproximación, más posibilidades tendrás de ejecutar una sencilla devolución que puedas colocar lejos. Alternativamente, si golpeas la pelota hacia el centro de la pista, limitarás el ángulo que tu adversario puede usar para devolver tu ataque.

Practicar el paso con pies paralelos

Practícalo cuando tu adversario ejecute su golpe. Te ayudará a mantener el equilibrio y te preparará para saltar hacia un lado para tu volea. Después de volver a tu posición de base, realiza un paso con pies paralelos antes de ejecutar el siguiente golpe. Simplemente coloca los pies paralelos uno al otro, separados a la distancia de los hombros y flexiona las rodillas.

Deja que el peso de tu cuerpo se incline adelante, hacia el golpe y hacia la red.

1 Debes estar preparado todo el tiempo para moverte hacia delante para contestar una pelota corta, pues ésa puede ser una excelente oportunidad para atacar a tu adversario desde la red. Mira la pelota cuando deja la raqueta de tu adversario y decide rápidamente tu próximo movimiento.

2 Si la pelota es corta, muévete hacia delante para cogerla pronto cuando esté en el punto más alto del bote. Cuanto más rápido juegues el golpe, menos tiempo tendrá tu adversario para recuperarse y prepararse para el próximo golpe. De todos modos, es importante no precipitar el golpe o acercarse demasiado a la pelota.

3 Muévete hacia delante, inclinando el peso de tu cuerpo hacia el golpe de aproximación. Cuando veas a tu adversario golpear la pelota, realiza un paso con pies paralelos. De lo cerca que estés de la red dependerá lo rápido que la pelota viaje hacia ti. Intenta moverte en la línea de servicio.

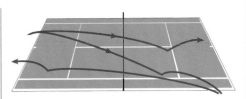

4 Camina hacia delante para encontrarte con la volea delante del cuerpo.

5 Muévete otra vez hacia la base y ponte con los pies paralelos para tu próxima volea.

6 Cuando estés en la base de la red, mantén el cuerpo bajo y las rodillas flexionadas, y no te muevas hacia delante otra vez. Ejecuta una volea de ataque si el golpe de tu adversario es alto o coloca la volea cuando la pelota esté por debajo de la altura de la red. Desde aquí también puedes ejecutar una volea de dejada (ver pág. 35).

Consejos prácticos

Cuando sirvas o ejecutes una volea, sé consciente de que un golpe largo puede darle a tu adversario un ángulo mejor para ejecutar un resto paralelo. Apunta hacia el centro del recuadro de servicio y sólo ocasionalmente sirve en diagonal cruzado sobre el lado débil de tu adversario.

Ventajas de la red
Tomar posición en la red intimidará a tu adversario y le dificultará golpear la pelota más allá de tu posición.

Consejos prácticos

Cuando ejecutes un golpe largo de aproximación o una volea, ponte hacia el centro del sector hacia el que has golpeado la pelota. Esto te permitirá cubrir el golpe paralelo. Cuando subas a la red puedes también interceptar un golpe cruzado.

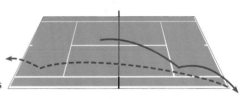

¿Ataque o defensa?
El buen juego de red es una combinación de saber cuándo se debe atacar o defender. En ambos casos, ejecuta la volea corta y contundente.

Paso de drive

Cuando volees, es importante que tu punto de contacto con la pelota esté delante de tu cuerpo. Para ayudarte a ejecutar una volea correctamente, camina hacia delante para encontrarte con la pelota en lugar de esperar a que venga a ti. Después de colocarte con los pies en paralelo, mantén las rodillas flexionadas y tu peso hacia delante en un continuo movimiento. Camina hacia delante con el pie de la raqueta preparado para ejecutar un golpe de revés y tu otro pie preparado para un golpe de drive. Para alcanzar una pelota larga, alarga tus pasos por la pista.

Sostén la raqueta alta preparada para moverte hacia un drive o un revés.

4 Camina hacia delante desde tu posición con los pies paralelos para ejecutar tu primera volea. Apunta tu volea larga hacia la parte posterior de la pista de tu adversario o colócala en una esquina para presionarlo. Piensa en tu primera volea como en un golpe de aproximación para ejecutar mejor tu segunda volea.

5 Si no estás bien situado en la red después de ejecutar tu primera volea, muévete hacia delante otra vez y sitúate con los pies paralelos. No te coloques demasiado cerca de la red o la tocarás con la raqueta, o bien tu adversario podrá con facilidad ejecutar un globo por encima de tu cabeza.

6 Adelántate con los pies paralelos para ejecutar tu segunda volea. Si tus golpes son buenos, podrás servirte de este golpe para ganar el punto. Si la pelota llega alta, ataca la volea sin hacer swing con la raqueta. Si la pelota llega por debajo de la altura de la red, piensa dónde colocar la pelota.

Dobles

JUGAR DOBLES es un trabajo en equipo. Tú y tu pareja debéis conocer las habilidades del otro equipo y sus debilidades para poder jugar bien juntos. La pista de dobles incluye los pasillos laterales, de modo que hay una área mayor de la pista a la que apuntar, pero más pequeña para cada jugador. Cuando empieces a jugar dobles, debes sentirte a salvo permaneciendo detrás de la línea de fondo y ejecutando golpes de fondo. Cuando tengas más confianza como pareja de dobles, intenta ejecutar voleas desde una posición de ataque en la red lo más a menudo posible.

Cubrir la pista

Si tú y tu pareja cubrís cada uno la mitad de la pista, vuestros adversarios se verán obligados a enviar sus golpes hacia el fondo. Esto aumentará sus posibilidades de golpear la pelota fuera de la pista.

Cuando sirvas, intenta hacerlo fuerte para tener más tiempo para prepararte para tu próximo golpe.

Tu pareja no debe dejar ningún espacio vacío ni abandonar ninguna parte de la pista.

Reglas del servicio de dobles

Si tú y tu pareja habéis ganado el sorteo, tácticamente es mejor que el servidor más fuerte sirva en el primer juego. Si tú sirves primero, tu pareja será la tercera persona en servir. Los cuatro jugadores sirven por turnos; tus adversarios sirven segundos y cuartos. Los jugadores también restan el servicio por turnos. La puntuación y las reglas son las mismas que en el juego individual (ver págs. 12-13 y 44).

Servicio

Si tú y tu pareja estáis sirviendo, tenéis la ventaja de estar preparados para colocaros en la red antes, ya sea sirviendo como voleando. Cuando sirves, tu pareja debe estar en una posición de ataque cerca de la red. Desde allí, él o ella debe estar listo para alcanzar una pelota que bote en la primera mitad de la pista o en el pasillo lateral, dependiendo de cómo se juegue el resto del servicio. Cuando sirvas, quédate en la línea de fondo, más lejos de los pasillos laterales que cuando juegas individuales, con el objetivo de cubrir un posible resto a la esquina . Al principio de cada nuevo punto, cambia de lado con tu pareja.

Resto del servicio

Con dos personas al otro lado de la red, es más importante devolver con precisión que con fuerza. Si después de servir tus adversarios suben a la red, entonces apunta la pelota a sus pies cuando él o ella se muevan hacia delante. Haz que tengan que estirarse para devolver un golpe cruzado. Si el servidor permanece detrás, entonces devuelve fuerte la pelota hacia la línea de fondo y sube a la red. Al principio de cada nuevo punto, el jugador que haya recibido la pelota en la línea de fondo durante el punto anterior irá hacia delante y su pareja hacia atrás preparada para devolver el siguiente servicio.

Muévete hacia delante para encontrarte con la pelota.

Tu pareja permanece en la línea de servicio preparada para moverse hacia una volea.

Colaboración

En la foto, la norteamericana Martina Navratilova se las ha arreglado para saltar lo suficientemente alto para alcanzar un globo. De todos modos, puedes ver también a su pareja, Jon Stark. Durante todo el golpe está preparado para moverse hacia atrás a fin de recuperar la pelota en caso de que Martina no la alcance. Si ésta pierde el globo, deberá moverse hacia la izquierda de la pista para cubrir el lado de Stark. Las buenas parejas de dobles deben estar preparadas para cubrirse mutuamente.

En la pista

Cuando se sirve y se recibe, es normal para cada pareja tener un jugador en la línea de fondo y otro cerca de la red. Generalmente, el servidor y el receptor juegan el punto entre los dos. Los dos jugadores de fondo tienen la posibilidad de moverse hacia delante y reunirse con sus parejas en una posición de ataque en la red. Mientras tanto, los jugadores de la red están cubriendo su propio lado de la pista, esperando una oportunidad para interceptar la pelota.

Tu pareja deberá mantenerse siempre a una misma distancia de ti.

Tomar una decisión
Discute las tácticas antes y durante el juego. Intenta asegurarte de que tu pareja siempre conoce tu siguiente movimiento.

Volear
Si tú y tu pareja estáis ambos en la red, mantened siempre la misma distancia entre los dos. Moveos de lado, hacia atrás y hacia delante juntos. Cuando recuperes la pelota, tu pareja deberá impedir que queden espacios vacíos. Tus adversarios intentarán ejecutar golpes de ataque hacia la mitad de la pista con el objetivo de confundiros, por lo que es mejor que decidáis antes del partido quién de vosotros cubrirá ese tipo de golpes. Cuando ambos estéis colocados en la red, cabe la posibilidad de que os lancen un globo. Decide con tu pareja quién devuelve cada pelota.

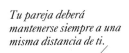

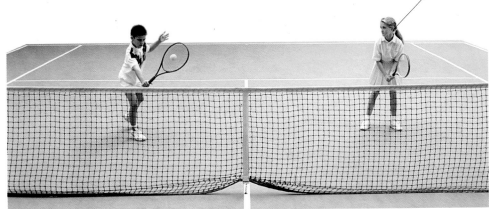

Interceptar la pelota

En cualquier momento del peloteo, los jugadores colocados en la red deben estar listos para interceptar la pelota. Se trata de una sencilla manera de ganar un punto contestando un golpe de fondo alto y flojo. Incluso si tu interceptación no gana el punto, es una buena oportunidad para atacar. Empieza a moverte en diagonal hacia el lado de la pista de tu pareja cuando tus adversarios hayan empezado a ejecutar sus golpes. No te muevas en diagonal demasiado pronto o tu adversario puede cambiar sus planes y golpear la pelota por encima tuyo más allá del pasillo lateral. En la línea de fondo, tu pareja deberá cubrir el lado que acabas de dejar.

Debes intentar moverte en diagonal e interceptar cualquier golpe que esté a tu alcance.

Tu pareja se mueve para cubrir el lado que acabas de dejar y permanece allí.

Entrenamiento y torneos

EL TENIS ES TANTO un juego de inteligencia como un desafío atlético. Cuando hayas empezado las clases, deberás perfeccionar tu juego tanto mental como técnicamente al mismo tiempo. Debes disfrutar participando en competiciones organizadas por tu escuela o club. Cuando hayas progresado, competirás con jugadores de mayor experiencia y necesitarás seriedad y determinación para tener éxito. Muy pocos jugadores alcanzan un nivel internacinal e incluso los mejores jugadores siempre confían en perfeccionar su juego. Pero tanto si juegas como si eres sólo un espectador, el tenis es uno de los más populares y emocionantes deportes del mundo.

Tenis en silla de ruedas

Las reglas de la Federación Internacional de Tenis en Silla de Ruedas (IWTF) son básicamente las mismas que las reglas del tenis normal. Los jugadores tienen unas sillas de ruedas especialmente diseñadas para el deporte que son muy sencillas de manejar por la pista. A la pelota le está permitido botar dos veces y el segundo bote puede aterrizar fuera de las líneas de la pista.

Clases y entrenamiento

Las clases en grupo son divertidas para los principiantes. De todos modos, un entrenador particular te proporcionará un mejor conocimiento de tus propias habilidades y te ayudará a desarrollar tus propias técnicas. Busca uno que sea entusiasta, experto y que te apoye. Un buen entrenador debe ser capaz de enseñar tenis a personas de todos los niveles. Infórmate en tu escuela o club local de tenis, o contacta con una de las direcciones que aparecen en la página 45.

Competiciones internacionales

Jugar tenis profesional requiere una absoluta dedicación, largas horas de viaje y un intenso entrenamiento. En los torneos como el Open de Montecarlo, en Mónaco (arriba), las temperaturas pueden ser muy altas y los jugadores deben aprender a que el clima no afecte su juego.

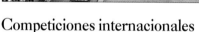

A vista de pájaro

La Federación Internacional de Tenis (ITF) es el órgano que dirige el juego en el mundo. Muchos países tienen sus propias asociaciones de tenis que se aseguran de que las reglas se respetan y organizan las ligas nacionales y los torneos. Algunas pruebas son tan nutridas que muchos partidos se juegan simultáneamente. Los terrenos deben ser suficientemente grandes para acomodar los partidos y a las multitudes, como el que se ve arriba de Wimbledon, Londres, que tiene 14 pistas.

Ranking mundial

Los jugadores profesionales son colocados en un ranking o "clasificados" por su número de victorias. Cuantas más victorias, mejor clasificación. El alemán Boris Becker (arriba) es actualmente el número tres mundial. El ranking permite que los mejores jugadores participen en las finales de los torneos.

Los torneos internacionales más importantes

El Gran Slam
Se trata de cuatro Campeonatos Internacionales:
El **Open de Australia**, en enero
El **Open de Francia** (Roland Garros), en mayo/junio
El **Open Británico** (Wimbledon), en junio/julio
El **Open de EE.UU.** (Flushing Meadows), en agosto/septiembre
En cada uno de esos torneos, hay un ganador masculino individual, una ganadora femenina individual, una pareja ganadora de dobles masculinos, una en femeninos y otra mixta, así como ganadores júnior.

La Copa Davis
Cuatro grupos de más de 100 países compiten en este trofeo que se celebra cada año.

La Copa de la Federación
Se trata de la primera competición de tenis femenino. Se celebra cada año de abril a noviembre y más de 80 naciones compiten en la Copa de la Federación para promocionarse en los tres grupos.

Glosario

Durante tus entrenamientos o cuando contemples tenis, te será útil entender los siguientes términos y frases.

A

Abandono o retirada Cuando un jugador concede la victoria antes de que un partido se acabe.

Ace o **punto directo** Un servicio que entra fuera del alcance del receptor.

Acompañamiento La continuación de la raqueta después de que la pelota haya sido golpeada.

Aproximación Una pelota hacia el fondo de la pista para darnos tiempo a subir a la red.

Área posterior El área situada detrás de la línea de fondo. También se le llama pasillo posterior.

Área delantera o de ataque El área que hay entre la línea de servicio y la red.

B

Bloqueo Un golpe de fondo usado para devolver una pelota muy rápida.

Bote pronto o media volea El golpe en el que la raqueta encuentra la pelota en el momento en que ésta bota.

C

Cañonazo Un servicio exageradamente rápido de 160 km/h o más.

Cero o nada El término de tenis para cero en el marcador. Véase también el término en inglés «Love».

D

Dejada Una pelota golpeada ligeramente con efecto cortado desde abajo que aterriza justo al otro lado de la red.

Doble falta Dos faltas sucesivas de servicio hacen que el servidor pierda el punto.

Drive Un golpe de fondo jugado entre la altura de la cintura y la del hombro en el que la pelota se golpea fuerte hacia la pista del adversario.

F

Falta Una pelota de servicio que no bota en la zona correcta de la pista.

Falta por abandono Un partido se gana si el adversario deja de jugar antes de que el partido se acabe.

Falta por ausencia o *Walk Over* Un partido se gana por ausencia si el adversario no está a la hora de empezar el partido.

G

Golpe cortado La pelota es "cortada" con la raqueta para que tome efecto hacia un lado y hacia atrás. La pelota gira ligeramente en la dirección del efecto en el vuelo y más todavía después del bote.

Golpe de aproximación Un golpe de fondo que se ejecuta corriendo hacia la red esperando poder ejecutar una volea.

Golpe paralelo Un golpe en el que se envía la pelota al lado del adversario que está atacando desde la red y paralelo a la línea lateral.

Golpe plano Una pelota golpeada sin efecto.

I

Iguales o deuce La puntuación en la que los jugadores están 40-40 o tienen la misma puntuación después de seis puntos en un juego.

J

Juego de fondo Una manera de jugar en la que el jugador permanece en la parte posterior de la pista.

Juego de muñeca Táctica de juego que se sirve de golpes suaves en la red.

Juego de red Ejecutar todos los golpes desde una posición de ataque en la red con el objetivo de hacer correr a tu adversario y obligarlo a cometer errores.

L

Let Una pelota que toca la red después de que haya sido servida, pero que entra en el área correcta de la pista del adversario. El servicio se repite.

Liftado Un efecto hacia delante que hace que la pelota se desvíe en el vuelo y después bote más alto de lo normal. En el momento más alto del bote, la pelota se desvía hacia delante en la dirección de su vuelo.

Línea central de saque Divide el área de servicio en dos mitades: recuadro izquierdo y derecho.

«Love» Es el nombre inglés para indicar un marcador a cero. Se cree que proviene del francés *l'oeuf*, o sea «el huevo» por su parecido con el número cero.

M

Marca central La línea de 10,16 cm que está en el centro de la línea de fondo a cada extremo de la pista. También se le llama "la pequeña T".

Match ball o **pelota de partido** La puntuación en la que un jugador necesita sólo un punto más para ganar el partido.

P

Pasillos laterales Nombre que se da a las áreas entre las líneas paralelas que hay a ambos lados de la pista de tenis. La línea exterior es el límite de la pista de dobles, la interior es el límite de la pista de individuales.

Pelota cruzada Un golpe ejecutado de un lado a otro de la pista.

Peloteo Una prolongada serie de golpes ejecutados desde atrás de un jugador a otro.

Primer vuelo El vuelo de la pelota después de que ha sido golpeada y antes de que bote.

Q

Quince La puntuación de un jugador que ha ganado su primer punto de un juego.

R

Resto El golpe que devuelve el servicio. También sirve para describir cualquier golpe durante un peloteo.

S

Segundo vuelo El vuelo de la pelota después de que haya botado una vez.

Set o manga En un set o manga hay seis juegos y en un partido tres sets (cinco sets para los jugadores profesionales masculinos).

Swing El movimiento de impulso hacia atrás que prepara un golpe.

T

Tie-break o **muerte súbita** Se utiliza cuando se ha empatado a seis juegos. El ganador es el primero en alcanzar siete puntos (o el primero en ganar por dos puntos de diferencia si se llega a seis-seis en el *tie-break*). La muerte súbita no se usa en el último set, que debe ser ganado por dos juegos de diferencia.

V

Ventaja El siguiente punto que se gana después de iguales: ventaja al servicio o ventaja al resto.

Volea muerta Una volea que absorbe la velocidad de la pelota y cae justo al otro lado de la red

Más reglas de tenis

Cuándo servir: El que saca no debe servir hasta que el receptor esté preparado. Si éste intenta devolver el servicio, se considerará que estaba preparado.

El jugador pierde el punto:
a. Si, al golpear la pelota, deliberadamente la arrastra o coge con su raqueta o deliberadamente la toca con la raqueta más de una vez.
b. Si el jugador, su raqueta, ropa o algo que lleva toca la red, los postes o la pista de su adversario mientras la pelota está en juego.
c. Si el jugador golpea la pelota antes de que haya pasado la red.
d. Si la pelota en juego toca a un jugador o algo que lleva, excepto su raqueta o manos.
e. Si lanza su raqueta y ésta golpea la pelota.
f. Si deliberada y materialmente cambia de raqueta mientras se está jugando el punto.

El jugador molesta a su adversario: Si el jugador deliberadamente comete algún acto que moleste a su adversario a la hora de ejecutar un golpe, entonces perderá el punto. Si la acción es involuntaria, el punto debe volverse a jugar.

Cambio de pista: Cuando se cambia de pista, debe pasar un máximo de un minuto y treinta segundos desde el momento en que la pelota está fuera de juego al final de un juego hasta la primera pelota que es golpeada en el siguiente juego.

Tiempo entre puntos: No debe exceder de los 25 segundos.

Asesoramiento: Un jugador no debe recibir consejos técnicos durante un partido a menos que se trate de un partido de competición por equipos (Copa Davis, etc.).

Es una buena devolución si:
a. La pelota se devuelve desde la parte exterior de los postes, haciendo que ésta toque el suelo dentro de la pista apropiada.
b. La raqueta de un jugador pasa por encima de la red después de que éste ha devuelto la pelota, siempre que la pelota pase la red antes de darle el golpe y sea adecuadamente devuelta.
c. Un jugador consigue devolver la pelota en juego, que ha tocado otra pelota que estaba en el suelo de la pista.

Orden de servicio: Si un jugador sirve fuera de turno, el jugador que tenía que haber servido podrá servir en cuanto se advierta el error. Todos los puntos jugados antes de advertir el error sirven. Si el juego se ha completado antes de advertirlo, el orden de servicio deberá seguir alterado.

Puntuación: Si no se está de acuerdo con la puntuación, ambos jugadores deberán volver a la última puntuación con la que estén de acuerdo.

Índice

Direcciones útiles

Estas organizaciones de tenis te ayudarán a encontrar tu club local o un entrenador que te aconseje. Infórmate en tu escuela, que seguro que sabrá indicarte al respecto.

Real Federación Española de Tenis
Avda. Diagonal, 619, 3º D
08021 Barcelona

Federación Catalana de Tenis
Pº Valle de Hebrón, 196
(Instalación La Taixonera)
08035 Barcelona

Federación Madrileña de Tenis
San Cugat del Vallés s/n
28034 Madrid

Federación Vasca de Tenis
Iparraguirre, 46, 1º
48010 Bilbao

Federación Aragonesa de Tenis
Allué Salvador, 11 of. 1ª
50001 Zaragoza

Federación Murciana de Tenis
Plaza Preciosa, 4
30008 Murcia

Federación Balear de Tenis
Real, 6, local 19
07003 Palma de Mallorca

Federación Valenciana de Tenis
Embajador Vich, 11, 1º B
46002 Valencia

Federación Gallega de Tenis
Apartado 317
15080 La Coruña

Federación Andaluza de Tenis
Juan del Castillo, 4, 2ª
41002 Sevilla

Steven Vance   Jessica London   Vishal Nayyar   Faye Mason   Nick Hamnabard   Namita Shah   Nick Çava Day

Agradecimientos

Dorling Kindersley agradece a las siguientes personas su ayuda en la realización de este libro:

A Kester Jackson, entrenador de tenis, que ha sido valiosísimo en cada fase de la producción de este libro; a todos los jóvenes jugadores de tenis por su habilidad y entusiasmo durante las sesiones fotográficas y también a sus familias; al Parklangley Tennis and Squash Club de Beckenham, Kent, por su ayuda, paciencia y hospitalidad; a la Lawn Tennis Association de Wimbledon, Londres, por proporcionarnos información;

al Bromley Lawn Tennis and Squash Club de Bromley, Kent, por permitirnos usar sus pistas cubiertas; a Carole Orbell por su ayuda durante las sesiones fotográficas; a Jason Page por su asesoría editorial; a Chetan Joshi y Floyd Sayers por su asistencia en el diseño.

Créditos de las fotografías
Clave: c: centro; b: abajo; d: derecha; i: izquierda; a: arriba.

Russ Adams Productions Inc.: portada, 8bc, 8bd; **Action Plus**/Chris Barry: 12b, Mike Hewitt: 42ci; **Allsport UK Ltd.:** 28cd/Clive Brunskill: 25bc, 32ad, Neale Haynes: 42a, Gray Mortimore: 42cd, Gary M.Prior: 13bd, 23ai, 42bc, Chris Raphael: 12c; Colorsport: 41ad; **Robert Harding Picture Library**/Adam Woolfitt: 42bi; **Hulton-Deutsch Collection:** 9ai, 9c, 9cd; **Carol L. Newsom:** 8ai, 9bd, contraportada; **Sporting Pictures (UK) Ltd.:** 9bi, 31ad; **Wimbledon Tennis Museum:** 9bc.

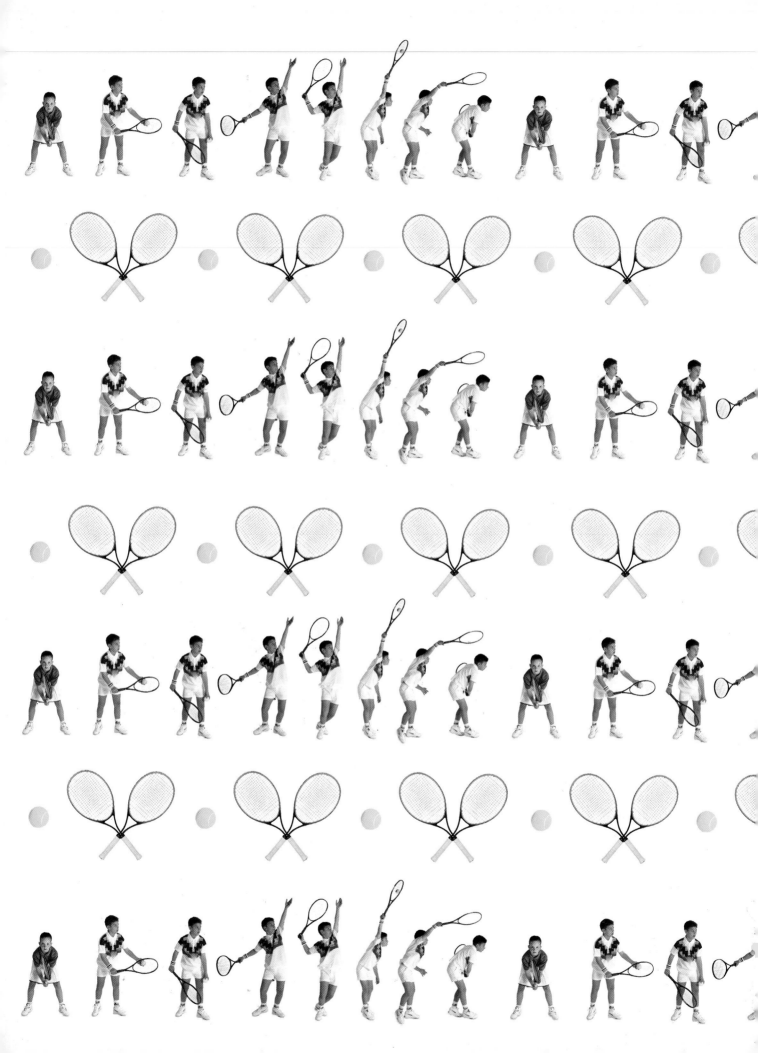